JN180204

世界標準のスイングが身につく
科学的ゴルフ上達法

板橋 繁 著

ブルーバックス

本書でご紹介する上達法を実践していただくために、
動画等を掲載した特設サイトを開設しました。
下記のQRコードを読み取ってアクセスしてください。

QRコードが読み取れない場合には、下記のサイトにアクセスしてください。

http://bluebacks.kodansha.co.jp/books/9784065152140/appendix/

（QRコードは㈱デンソーウェーブの登録商標です）

●カバー装幀／芦澤泰偉・児崎雅淑
●写真・動画（撮影・編集）／浜村達也
●構成協力／水品壽孝
●企画協力／中村真紀恵
●本文デザイン・図版制作／鈴木知哉＋あざみ野図案室

はじめに――世界のトッププロが実践する「最良のスイング」とは？

まずはじめに、左のチェックリストをご覧ください。あなたのスイングに、いくつ当てはまりますか？

Checklist

- □ リストターンをうまく使うことを意識している
- □ インパクト直前に身体を止めて、ヘッドを走らせようとする
- □ ダウンスイングでクラブを「立てて使う」意識をもっている
- □ スイングの支点はグリップだ
- □「トップのポジションをどうつくるか」に注意している
- □ インパクトでは「アドレスの形」を再現したい
- □ クラブは体の正面にある意識で振る
- □ ボールを打ち込むイメージでクラブを振り下ろす

一つでも当てはまった人は、スイング改善の余地があります。当てはまった項目の多い人ほど、目覚ましい上達が見込めるでしょう。なぜなら、リストに掲げた内容はどれも、日本だけで通用している〝間違ったスイング〟だからです。

いま、世界のトッププロが実践し、欧米の名だたるレッスンプロが教えている「世界標準のスイング」は、まったく異なる特徴をもっています。

◎スイング中に手首を決して返さない「ノーリストターン」スイング
◎身体の回転でヘッドスピードを上げる「軸回転」スイング
◎クラブを寝かせて「まーるく」振る「シャローでラウンド」なスイング
◎トップのポジションをまったく意識しない「ゼロトップ」スイング
◎グリップがつねにヘッドに先行する「ハンドファースト」スイング

これまでたくさんのゴルフ解説書を読んできた人ほど、驚くに違いありません。「ほんとうにそんな打ち方で打てるの？」――そう疑う声も聞こえてきそうです。

しかし、これこそが、他のどんな打ち方よりも「まっすぐ飛び」、「飛距離が出て」、なおかつ「ケガをすることなく生涯楽しめる」、最良のスイングなのです。

ご挨拶が遅れました。私は、オーストラリア・ゴールドコーストで「Gold One Golf School」を主宰しているゴルフコーチです。世界ランキング1位に輝いたこともあるジェイソン・デイの母校・ヒルズ学園ゴルフ部の監督や、オーストラリアを代表するトッププロ養成校「A Game Golf Academy」でコーチを務めたこともあり、豪州での指導歴は20年を超えました。

そんな私も、渡豪当初は先のチェックリストにいくつも当てはまるスイングをしていました。まさかそれが、日本で独自の進化を遂げた「間違いだらけの〝ジャパニーズ・ゴルフ〟」だとはつゆ知らず、意気揚々とオーストラリアに乗り込んだからです。

鼻っ柱をへし折られた私が、一から勉強し直した「世界標準のスイング」は、身体のメカニズムやクラブの構造を無理なく、最大限に活用する理想的な打ち方でした。

打つたびに軌道がブレるスイングではミート率は決して上がらず、飛ぶ方向も距離も、毎回バラバラになってしまいます。そのような「再現性の低い」スイングをしていたのでは、ゴルフは決して上達しません。そして、冒頭に挙げた項目はいずれも、「スイングの再現性」をいちじるしく低下させるものばかりなのです。

では、どうすれば最もミート率の高い、すなわち「再現性の高い」スイングが身につくのか？「ゴルフは芝の上で楽しむもの」が私のモットーです。本書を片手に、さあご一緒に、フェアウェイへと出かけましょう！

もくじ

第7章

世界標準のスイング②

——成否を分ける最重要ポイントはどこか 173

World Standard

プロローグ――「スイングのバイブル」との出会い

「教える」ことを禁じられて

「シゲのスイングは重々しいな。ベリーへビースイング。スイングがガチガチじゃないか」

初めてオーストラリアに渡り、私のスイングをみんなの前で披露したとき、現地のコーチが発した第一声がその言葉でした。私は「ゴルフを習う」ために渡豪したわけではありません。ヒルズ学園という学校で、現地のコーチたちと一緒に「ゴルフを教える」ことが目的でした。

ところが、そのコーチたちが私のスイングを一目見て、「重いスイングだ」と口をそろえたのです。オーストラリアに来てはや24年が経ちますが、そのときのことは、いまでもはっきりと覚えています。

そして、私は彼らから、生徒にゴルフを教えることを禁じられました。「君がゴルフを教えるのはまだ早い。まずはシゲ自身が勉強しなくてはいけないよ」というわけです。その日以来、私の役割はもっぱら生徒の引率や生活指導となり、そのかたわらで他のコーチたちの教え方を観察したり、本を読んだりしながら、コーチングの技術を学んでいきました。

その過程で見たゴルフは、それまで私が日本で教わってきたゴルフとは〝まったくの別物〟でした。

彼らが教えていたのは、私が彼らに披露したスイングとは正反対――軽やかで、しなやかで、柔らかくて、身体に負担のかからないスイングだったのです。

そして、それこそが、現在では世界標準となっているスイング理論でした。海外のトッププロたちもみな、この理論に適《かな》ったスイングをしています。

世界に取り残された〝ジャパニーズ・ゴルフ〟

しかし、どういうわけか日本だけがその世界標準のスイング理論から取り残され、〝ガラパゴス化〟しています。周知のとおり、ガラパゴス化とは、孤立した環境で独自の進化を遂げた技術や慣習を指します。ゴルフのスイングにおいても、日本独自の理論が誕生し、世界の常識から隔絶した状況が生まれていたわけです。ガラパゴス化した日本でしかゴルフを学んでいなかった私に、彼らが教えることを禁じたのも無理はありませんでした。

では、「世界標準のスイング」とはいったい、どのようなスイングなのでしょうか。

「はじめに」でご紹介した「ゼロトップ」や「ノーリストターン」に加え、「Xファクター」や

「Y字インパクト」といったキーワードが、その特徴を示しています。

早く具体的な内容をお知りになりたいと思いますが、まずは私とゴルフとのかかわりについて、少しお話ししておきたいと思います。

私がゴルフと出会ったのは、中学3年生のときでした。たまたまジャンボ尾崎（将司）プロのゴルフショップでアルバイトをしたことがきっかけで、千葉日本大学第一高等学校のゴルフ部に入部。尾崎プロの長男、智春さんが後輩として入部してきたこともあり、ジャンボ軍団と一緒にトレーニングする機会にも恵まれ、全国大会に何度か出場することができました。

その後、ゴルフ推薦で日本体育大学に進学すると、同期には伊澤利光選手がいました。ご存じのとおり、のちに日本ツアーの賞金王に2回輝くことになるトッププロです。その伊澤選手らと一緒に「打倒・日大」を目指しましたが、当時の日本大学ゴルフ部は、川岸良兼、鈴木亨、丸山茂樹、小達敏昭の各選手ら、のちにプロとなって大活躍した選手たちがそろい、黄金時代を迎えていました。結局、万年2位に甘んじて、学生生活を終えることになりました。

それでも、何度か米国遠征にも参加でき、NCAA（全米大学体育協会）のディビジョン1というトップランクの選手が集まる試合にも出場することができました。のちにプロ入りして、アメリカツアーのトップ選手になったクリス・ディマルコと一緒にラウンドし、仲良くなったこともいい思い出です。

ジェイソン・デイも学んだゴルフ名門校

大学卒業後は、プロになることを目指し、研修生になりました。しかし、すぐに腰を痛めてしまいプロ入りは断念。日体大ゴルフ部の監督だった木場本弘治先生の助手として、日体大スポーツ・トレーニングセンターで働きながら、日体大ゴルフ部のコーチを務めるようになりました。

ところが、しばらくすると、オーストラリアの現地校にゴルフアカデミーをつくり、そこにアジアの学生を送りこんで世界のトッププロを養成するというプランが持ち上がり、私に「コーチとして来てほしい」という声がかかったのです。そうして1995年7月に渡豪、ヒルズ学園に赴任しました。現地のコーチ陣たちと初めて顔を合わせたのが、冒頭で紹介した場面です。

正直に白状すると、私はこのとき、緊張のあまりチョロをしてしまいました。肩、腕、手首、グリップ……、すべてに力が入って、からだじゅうがガチガチだったのだと思います。その姿を見て、彼らは「ベリーヘビースイング」と表現したのでしょう。

でも、私のスイングは、特別変わっていたわけではありません。

軸をつくって身体を止め、身体の正面で腕をビュンと振ってヘッドを走らせる――。

当時、日本の誰もがやっていた打ち方でした。ゴルフの初心者は、軸がつくれずにトップから上体で打ちにいってしまいます。そんな初心者から中級者のアマチュアに対して、「このように打ちなさい」と、ごくふつうに教えていたスイングだったのです。

そして、日本では現在でも、その考え方は基本的に変わっていません。残念なことに、シングルプレーヤーやトップアマ、もっといえばプロゴルファーでも、当時の私と同じような打ち方をしている人がたくさんいます。

私が赴任したヒルズ学園には、世界中から才能あふれる子供たちが集まってきていました。2015年に世界ランキング1位となったジェイソン・デイも、この学校の卒業生です。それだけに優秀なコーチたちが、当時のヒルズ学園にはそろっていました。

なかでも、ケン・バーントとイアン・トリックスという二人の名前が、欧米で知れ渡っていました。ともにオーストラリアで「コーチング・オブ・ザ・イヤー」を獲得した実績の持ち主で、イアン・トリックスは、メジャーを7勝し、米国女子ツアーの賞金女王の座にも3度輝いたカリー・ウェブのコーチとしても知られ、現在は、2017年に世界ランキング1位になったユ・ソヨンも指導しています。そして、彼ら二人は、私の師匠でもあります。

衝撃的なレッスン書との出会い

最初に二人からは、「ゴルフの勉強をするなら、ジョージ・ヌードソンの『ナチュラル・ゴルフ』を読みなさい」といわれました。

ジョージ・ヌードソンは、ベン・ホーガンの弟子として唯一、認められた人物です。「世界一スイングが美しいゴルファー」と称されたベン・ホーガンの著書、『Five Lessons of the Modern Fundamentals of Golf』（邦題『モダン・ゴルフ』）は、いまでも世界中のゴルファーにとってのバイブルになっています。

しかし、そのただ一人の弟子であるジョージ・ヌードソンが書いた『ナチュラル・ゴルフ』は、残念ながら日本語に訳されていません。そこで私は、英語で書かれた原著を入手し、辞書を片手に自分で訳しながら、赤ペンで真っ赤になるまで読み込みました。

そこに書かれていたことは、私にとってすべてが新鮮で、衝撃的でした。

「ふところをつくって右ひじを入れる」「クラブをフリーにして遠心力で飛ばす」「フィニッシュはインバランス」……等々、日本でゴルフをやっていたときには一度も耳にしたことのない内容ばかりだったのです。

もちろん、コーチたちが生徒にゴルフを教えているようすもじっくりと観察し、そこからも多くのことを学びました。ヒルズ学園には常時、6~7人のコーチが在籍していましたが、彼らだけでなく、外部のコーチのレッスンも見て歩きました。正直に告白すれば、実際に自分がレッスンを受けにいったこともあります。

「ゴルフを教えてもいいぞ」

そのようにしてゴルフを学びつづけた私に、「ゴルフを教えてもいいぞ」と免許皆伝の許しが出たのは、渡豪から10年目のことでした。師匠であるケン・バーントやイアン・トリックスとともにゴルフプロ養成スクール「A GAME」を設立し、彼らと一緒に、プロを目指す子供たちにゴルフを教えることになったのです。

「A GAME」には、心理学の世界で有名なノール・ブランデールも在籍していました。テニスのピート・サンプラスのメンタルコーチを務めた人物です。その他にも、シドニーオリンピックでオーストラリア水泳チームのトレーナーを務めた人も加わり、技術だけでなく、メンタルからフィジカルまで、ありとあらゆる面からアプローチして、強い選手を養成しようという試みでした。

私も、そのエキスパートたちに交じって、ゴルフを教えることを許されたわけです。二人の師匠から、「ゴルフを教えることは簡単じゃない。よく我慢したな」といわれたことを、いまでも鮮明に覚えています。

しかし、残念ながら「A GAME」は4年ほどで解散することになりました。2008年、私は独立して、「ゴールドワン」ゴルフスクールを立ち上げました。「ゴールドワン」には、私がスクールを開いたゴールドコーストで1番を目指すという意味が込められています。

当初は、「A GAME」と同様、プロを養成するスクールとしてスタートしましたが、やがて一般のアマチュアにも門戸を開放すると、評判を聞きつけた地元のアマチュアゴルファーがどんどん集まってきました。

スコアが20よくなり、飛距離は50ヤード伸びた

その流れに拍車をかけたのが、動画配信サービス「YouTube（ユーチューブ）」を活用したことでした。私が「ユーチューブ」にアップしたレッスン動画が日本のゴルファーのあいだで話題になり、日本からもレッスンを受けにくる人たちが現れたのです。

レッスン動画のアップ自体は独立当初の2008年からおこなっていましたが、最初はまったく反響がありませんでした。ところが、2015〜2016年ごろから急にアクセス数が増えはじめ、あっという間に100万回再生を突破。いまでは総再生回数7000万回に到達しています。日本からも、毎年約150人もの人たちが、私のレッスンを受けるためにわざわざオーストラリアまで足を運んでくださるようになったのです。マレーシアのペナン島に住む中国人のグループが、「ユーチューブで見た」といって、レッスンを受けに来たときはさすがに驚きました。

レッスンを受けに来られる人たちのゴルフのレベルはさまざまです。競技ゴルフに出場してい

るトップアマもいれば、ずっと100を切れずに悩んでいた方もいらっしゃいます。コーチとして嬉しいのは、どんなレベルでいらしたかにかかわらず、みなさん共通して、短期間のレッスンで結果を出されていることです。

これまでにコーチした人の中には、男子ツアーで日本タイトルを獲得した選手が2名いるのをはじめ、米女子ツアーで活躍する選手やトップアマチュアも多数いらっしゃいます。トップアマチュアの中には、日本女子シニア選手権や日経カップ（個人戦）で優勝した方、あるいは所属するコースの「クラチャン」になられた方もたくさんいます。いつも100以上叩いていた人が80台で回れるようになるなんて当たり前。なかには、あっという間にシングルプレーヤーになった方もいました。

飛距離の伸び方も尋常ではありません。150ヤードだったドライバーの飛距離を200ヤードに伸ばして帰っていかれた70代の男性もいました。

ケガのリスクも下がる「やさしい」スイング

いったいどうして、それほど劇的にゴルフが変わるのでしょうか。その秘密は、私が教えているスイングにあります。

私が提唱しているのは、ムダな力を抜いて、身体の回転を利用するスイングです。別のいい方をすれば、クラブをフリーにして遠心力を使って飛ばす「まーるく振る」スイングです。このスイングをマスターすることで、効率的に力を使えるようになり、最小限の力で最大限の飛距離を出せるようになります。

加えて、このスイングはからだにとっても、きわめてやさしいスイングです。ひじや手首、首や背中、腰やひざなどにかかる負担が少ないので、からだを痛めることがありません。ゴルフは、高齢になっても楽しめる生涯スポーツです。からだに負荷のかかる、無理な動きの入ったスイングでケガをしてしまったら、せっかくの楽しみを失ってしまうことになります。

スコアや飛距離が伸び、ゴルフが上達することも重要ですが、同時に、からだを痛めることのないやさしいスイングを身につけることも、とても大事なことだと思います。そして、本書でご紹介する「世界標準のスイング」なら、その両方が実現可能なのです。

＊

私のレッスンを受けた人たちは、みなさんスイングが別人のように変わり、結果を出しています。読者のみなさんも、ぜひこの本を読んで劇的に変化してください。

特に、これからゴルフを始めようという人、そして、長年ゴルフをやってきたのになかなかスコアが縮まらない人には、ぜひともお読みいただきたいと思います。これからゴルフを始める人はケガをせずに生涯を通じてゴルフを楽しむことができるでしょうし、長年ゴルフで悩んできた人は必ずやその長いトンネルから抜け出せるはずです。

それでは早速、私が提唱する世界でいちばんやさしいゴルフスイング、「G1メソッド」にご案内しましょう。

第1章

間違いだらけの〝ジャパニーズ・ゴルフ〟

——世界標準のスイング理論とは？

1-1 日本人ゴルファーは「何を間違えている」のか？

典型的な二つの「誤解」

みなさんは、どのようにして「ボールを遠くに飛ばそう」とお考えですか？

初心者の多くは、「ボールを強くヒットすればいいんじゃないか」と考え、身体を大きく動かし、腕も強く振って、上体でボールを打ちにいきます。そういう打ち方をするとどうなるか？

右肩が前に出て、スイング軌道はアウトサイドインになり、ボールは大きくスライスします。また、このような打ち方では、上半身も下半身も、腕も手首も、すべての動きが大きくターゲット方向に流れるので、タイミングを合わせることがきわめて難しくなります。当然ながら、ボールをうまくミートすることはできず、飛んで行く方向はバラバラ。いわゆる「手打ち」なので、飛距離も出ません。

このようなスイングが〝ダメなスイング〟だということは、ゴルフをちょっとでもかじったことがある人なら、よくご存じのことと思います。では、次のスイングはどうでしょうか？

左肩の開きを我慢し、左脇を締めてクラブを右腰の横に引き下ろしてタメをつくったら、胸を正面に向けたまま腕を返してヘッドを走らせる——要するに、テコの原理の応用です。手元（グリップ）を止めて支点をつくり、腕を返すことで、先端にあるクラブヘッドのスピードを上げようというわけです。これは、日本の中級者から上級者のゴルファーに非常によく見られるスイングです。

「ボールを遠くに飛ばす力」を生み出す3要素

日本では、このようなスイングをしている人がとても多いのですが、このスイングは身体の動きに急激なブレーキをかけるため、腰や背中、首などにものすごい負担がかかります。その結果、腰や背中を痛めたという声をよく耳にします。手首も積極的に使うので、腱鞘炎《けんしょうえん》になってしまったという人も少なくありません。

私が考えている「飛ばす力」を生み出すスイングなら、そのようなケガをする心配はありません。

私がボールを飛ばすために利用したいと考えるのは、次の3点です。

①身体の回転
②クラブの遠心力
③スイングによって生み出される「クラブのねじれの力」

身体の回転でクラブの遠心力を発生させる動きは、陸上競技のハンマー投げをイメージすると、わかりやすいでしょう（図1－1）。

ハンマー投げの競技者は、自分の身体を回転させることでハンマーに遠心力を生じさせ、その力が最大限になった瞬間にパッと手を離して、ハンマーを背中越しに放り投げます。このとき、競技者はターゲット方向に対してはいっさい力を加えていません。身体を回転させることで遠心力を生み出し、目標とする方向に向けて手を離すことで、ハンマーを飛ばしています。

私が考えている理想のゴルフスイングも、これと同じです。身体を回転させ、クラブを「まーるく振る」ことで、ボールを飛ばそうというものです。このようなスイングでは、身体の各部分の動きに無理が生じず、余計な負担がかかりません。

重要なポイントは、「ボールを強くヒットしよう」「ヘッドを走らせよう」という意識がまったくないことです。

「まーるく振った軌道上にあるボールを、クラブのフェースでかっさらう」イメージです。回転をつづける競技者の手を離れて飛んでいくハンマー投げのハンマー同様、クラブフェースにかっさらわれたボールはその後、フェースを離れ、目標に向かってまっすぐ飛んでいきます。

ただし、身体を何度も回転させることができるハンマー投げとは違って、ゴルフは1回転にも

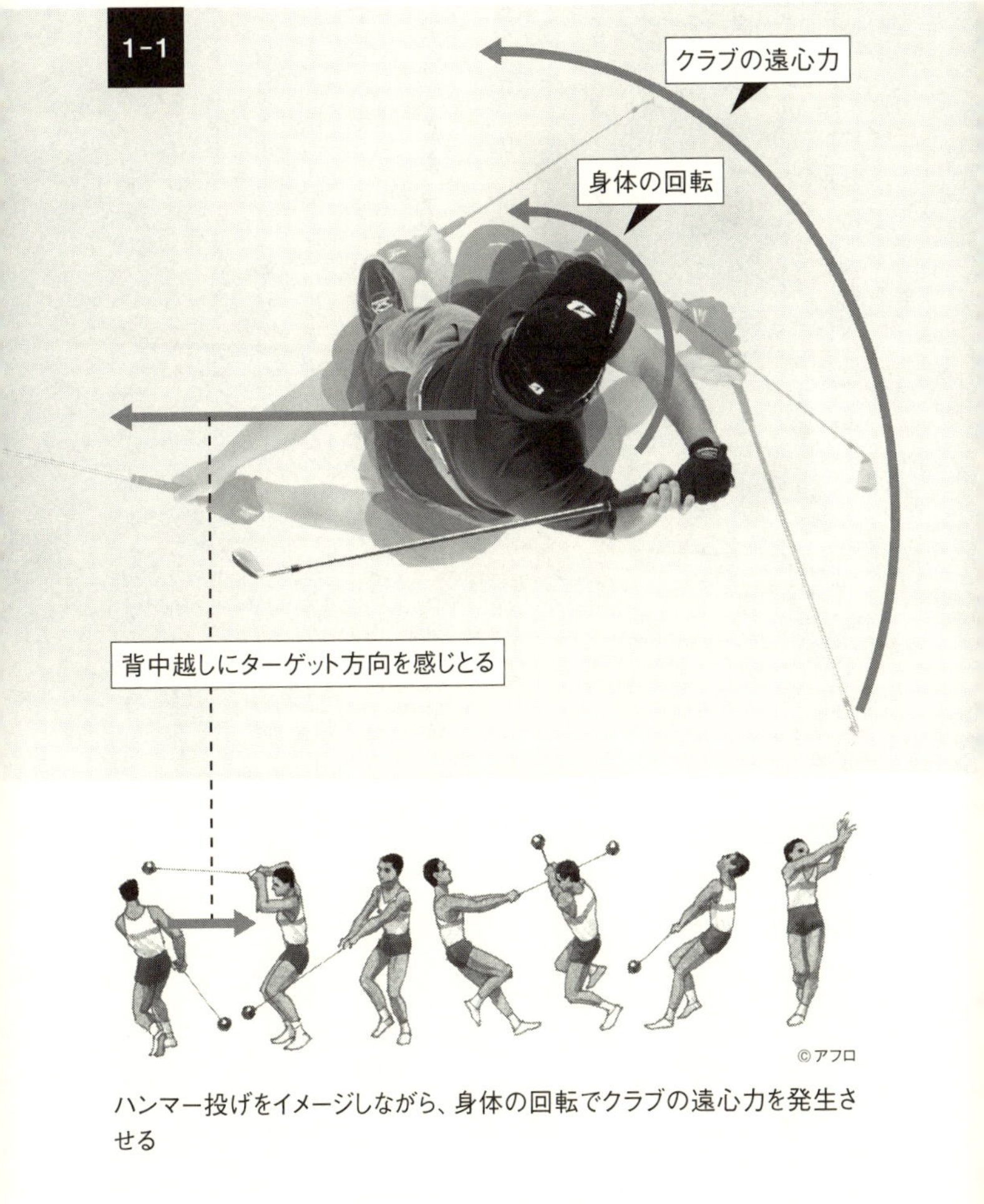

ハンマー投げをイメージしながら、身体の回転でクラブの遠心力を発生させる

満たないわずかな回転のなかで、ボールを飛ばすためのエネルギーを生み出さなくてはいけません。その制約のなかで、どうしたらクラブのエネルギーを最大限にし、なおかつ、そのエネルギーを効率よくボールに伝えることができるのか――。

私は、ベン・ホーガンやジョージ・ヌードソンの理論に加え、世界的に活躍する選手を育てるコーチたちの指導法を吸収しながら、そのことを徹底的に追求しました。そしてたどり着いたのが、超シャロースイングで、クラブをまーるく振る「G1メソッド」です。

2種類あるゴルフスイング――あなたはどちらを選びますか?

世界のゴルフ界にはいま、二つのスイングの流れがあります。

一つは、手を返すスイング（リストターンスイング）、もう一つは、手を返さないスイング（ノーリストターンスイング）です。すべてのゴルフスイングは、必ずこの二つのスイングのどちらかに分けられます。

日本の99％以上のゴルファーがおこなっているのは、「（意識的に）手を返すスイング」です。インパクトの前後で腕を返し、右手と左手の上下関係が入れ替わります。それに対し、ゴルフの最先端をいく欧米で主流になっているのは、「手を返さないスイング」です。スイング中は、つねに右手が下の状態が維持され、フィニッシュまで腕が返ることはありません（図1－2）。

1-2

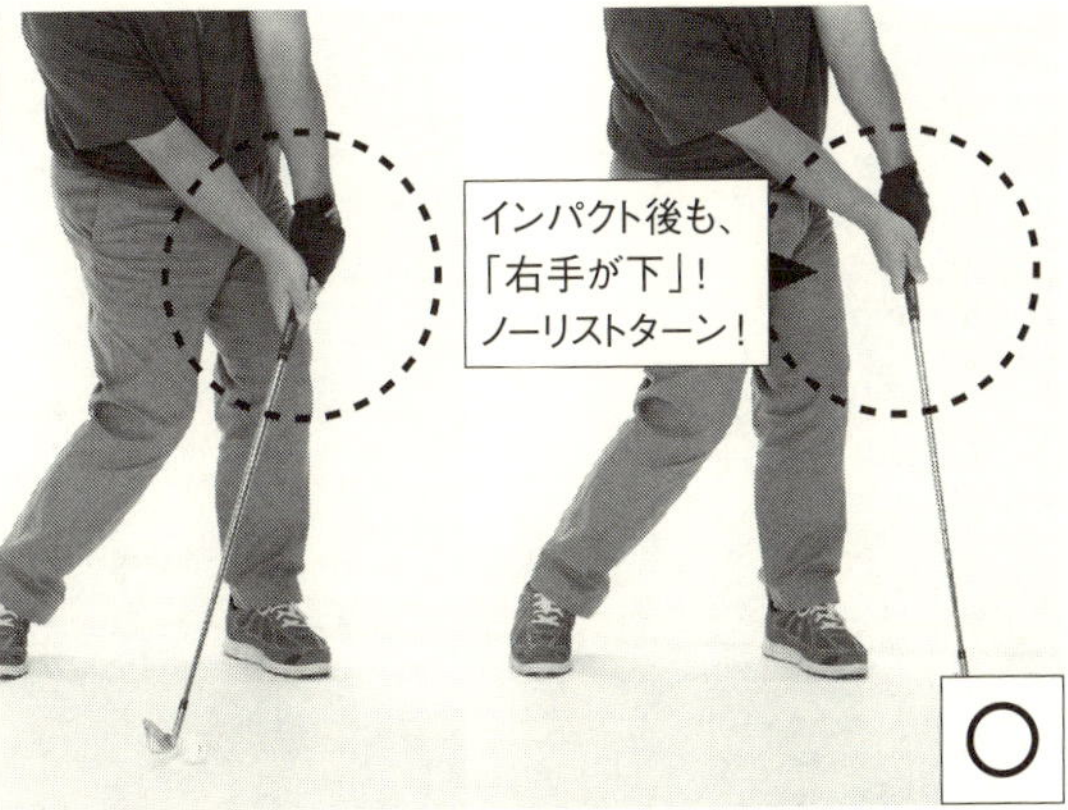

欧米のトッププロたちが実践する、手を返さない「ノーリスターンスイング」。スイング中はつねに、「右手が下」の状態が維持される

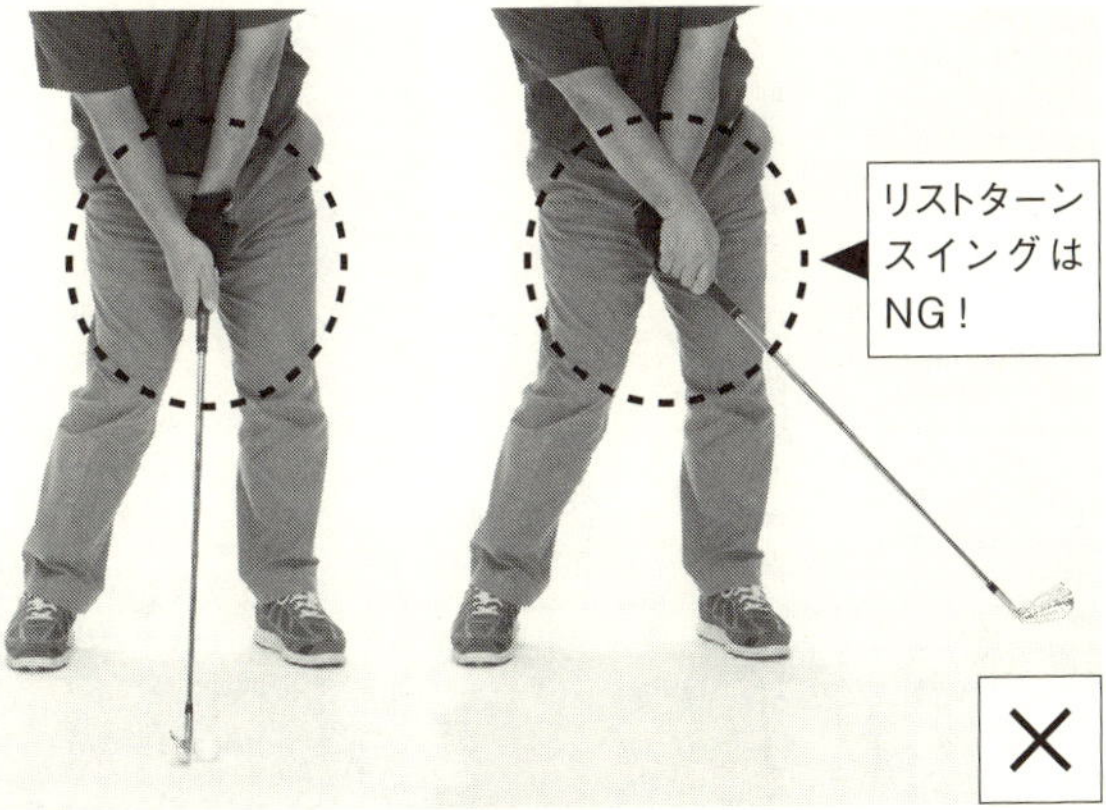

インパクトの前後で腕を返し、右手と左手の上下関係が入れ替わる典型的な“ジャパニーズ・スイング”。日本人ゴルファーの99%が、このガラパゴス化した間違いスイングをしている

もうおわかりのように、現在の世界標準となっているのは、「手を返さないスイング」、すなわち「ノーリストターンスイング」です。欧米のトッププロたちはみな、そろってこの「手を返さないスイング」で活躍しています。トッププレーヤーだけではありません。欧米のインストラクターが一般のアマチュアゴルファーに教えているのも、この「手を返さないスイング」なのです。

ところが日本では、いまだに「手を返すスイング」＝リストターンスイングをしているプロがほとんどですし、レッスンでも「手を返すスイング」を教えています。いつの間にか、日本だけがガラパゴス化してしまっていたのです。

振り下ろすか、ねじりで回転するか——ニッポンと世界の大きな違い

その背景には、もしかすると農耕民族と狩猟民族の違いがあるのかもしれません。身体動作の観点から両者の違いに注目すれば、「身体をねじる習慣のない農耕民族」と、「身体をねじる習慣のある狩猟民族」の違いといいかえてもいいでしょう。

農耕民族は、鍬《くわ》などの農具を使うときに、両手で柄を持って頭上に掲げ、身体の正面に振り下ろします。振りかぶって持ち上げ、足元に叩きつけるこの動作は、鍬を手で振り上げたときの位置エネルギーを使って土を耕す行為です。そこには、「身体をねじって力をためる」プロセスは

含まれていません。

これとは対照的に、狩猟民族は、獲物（ターゲット）に対して必ず半身に構えます。獲物から目を離すと、獲物に襲われる危険があるからです。斧《おの》などの武器を手にして半身で構え、その状態で上半身をねじることでエネルギーをたくわえます。下半身と上半身の捻転差によって生じるエネルギーを利用するのです。

両者では、たまったエネルギーの使い方も異なります。

鍬を振り上げて手が頭上にあるときは、鍬の位置エネルギーを10とすると、運動エネルギーはゼロです。鍬を振り下ろすことによって、位置エネルギーが徐々に運動エネルギーに変換され、地面に刃が刺さったときに10の力が加わります。つまり、農耕民族は、地面に刃が刺さった時点ですべてのエネルギーを使い果たしています。

それに対し、狩猟民族は、身体のねじり（捻転）をほどき切る前に獲物をヒットします。ヒットしてからねじりをほどいてエネルギーを使うので、より獲物にダメージを与えることができます。

この違いは、日本人と欧米人のゴルフスイングの違いとよく似ています。農耕民族である日本人は、インパクトの瞬間に最大の力を加えようと考えます。インパクトに向けて身体のねじりをほどきながら、手を使ってクラブを振ってしまうのです。

一方の欧米人は、インパクトまで身体のねじりをほどきません。身体をねじったままインパクトし、そこからねじりをほどいてエネルギーを使うので、ボールに当たり負けしません。

意外に思われるかもしれませんが、静止しているボールの慣性（止まりつづけようとする力）は非常に強く、手を使ってクラブを振った場合、すなわち手打ちの場合では、インパクトの瞬間にクラブヘッドが弾かれてしまいます。

しかし、インパクトした後にねじりをほどくことで、ボールに力を加えつづけていけば、インパクトの瞬間に少々ヘッドが弾かれても、ボールを押し込むことができます。

物理学では、力の大きさと力が働く時間をかけ合わせたものを「力積《りきせき》」といい、力積（＝力×時間）によって、他の物体の運動量をどれだけ変化させるかを表します。つまり、ボールを押し込むことでフェースとボールが接している時間が長くなれば、それだけボールの運動量は大きくなります。いいかえれば、いかに力積を大きくするかということが、飛ばしの秘訣なのです。

このことは、野球のホームランバッターがよく口にする「バットにボールを乗せる感覚で打つ」と共通しています。センター前に弾き返されたような単打のときのスイングに比べ、長距離打者のスイングは実際にバットとボールの接触時間が長く見える印象があります。「弾き返す」のとは対照的な、「乗せて運ぶ」イメージです。

これがまさに、「力積を大きくする」スイングです。

1－2 日本人ゴルファーが誤解している「世界の常識」

「手首を返す」のはなぜ、ダメなのか？

鉄人ベン・ホーガンや希代のボールストライカー、モー・ノーマンは、「スイング中、右手はつねに左手の下にある」と述べています。ところが、多くの日本人ゴルファーはスイング中に腕を返してしまうので、右手が上になってしまいます。欧米人でそういう腕の使い方をするトッププロは、ほとんど見かけません。

私が教えている「G1メソッド」は、もちろん世界標準となっている「手を返さないスイング」です。そのため、G1メソッドの理論には、これまで日本で教えられてきたゴルフ理論の常識とはまったく違うことが多々あります。

一つめは、手元（グリップ）とクラブヘッドの位置関係です。G1メソッドではスイング中、つねにグリップがクラブヘッドに先行します。スイングし終えるフィニッシュまで、クラブヘッドがグリップを追い越すことは一度もありません。これは、理に適ったスイングをするための絶対条件だと、私は考えます。

しかも、スイング中はずっと右手が下のままで、腕や手首を返す動きをいっさいしないので、アドレスしたときのグリップとクラブヘッドの位置関係、つまり、「グリップが前（ターゲット側）で、クラブヘッドが後ろ」の状態が保たれるのです。

そのため、フィニッシュで両腕の形を変えずに身体を正面に戻して腕を下ろすと、クラブヘッドは身体の右寄りにあり、ターゲットに対してグリップが前でクラブヘッドが後ろの状態になります。

一方、スイングの途中で腕を返して右手が上になった場合には、フィニッシュ時の両腕の形を変えずに身体の正面にクラブを戻し、クラブヘッドを地面に置くと、クラブヘッドが前でグリップが後ろになってしまいます。

「腕を返さないとヘッドが走らないので、ヘッドスピードが上がらないのでは？」という疑問を持たれる人もいらっしゃるでしょう。実際に、日本のほとんどのゴルファーは、身体の正面でグリップを止めてヘッドを走らせようとします。

そのようなスイングをすると、ハーフウェイダウン（ダウンスイングでシャフトが地面と平行になるところ）までは「グリップが前で、クラブヘッドが後ろ」の位置関係が維持されていますが、そこからグリップを止めて腕を返すことで、クラブヘッドがグリップを追い越していきます。

そのほうがヘッドスピードが上がると考えているのでしょうが、それはまったくの誤解です。

意外に思われるでしょうが、じつは、クラブヘッドを走らせようとしてはいけないのです。グリップを止めずにそのまま身体の回転で振ったほうが、ヘッドスピードは確実に上がります。

「ヘッドが走る」と感じるのは錯覚だった

理由を説明しましょう。

手元（グリップ）を止めることでクラブヘッドを走らせようとすると、クラブが動く支点はグリップになります。こうなると、クラブヘッドが描く円軌道の半径はクラブの長さにとどまります。しかも、ハーフウェイダウンからインパクトまでにヘッドが動く範囲はせいぜい90度しかありませんから、ヘッドの移動距離は、その円周の約4分の1ときわめて短くなります。

一方、手元を止めずに、「グリップが前で、クラブヘッドが後ろ」の位置関係をキープしたまま身体を回転させると、身体を軸とした円弧の円周上をクラブヘッドが動くので、その移動距離はずっと長くなります。

ご存じのとおり、速さ（スピード）の定義は、距離を時間で割った数値です。同じ時間であれば、移動距離が長いほど、スピードは速くなります。つまり、手元を止めずにそのままスイングしたほうが、ヘッドスピードは上がるのです。

さらに、ボールを押し込むことでフェースとボールが接している時間も長くなり、力積（＝力

×時間）も大きくなるので、より大きなエネルギーをボールに与えることができます。

手元を止めて振るとヘッドが走ると感じるのは、錯覚にすぎません。実際には、手元を止めることでクラブヘッドは減速しています。クラブヘッドの移動距離が短くなるので、速く動いていると勘違いしているにすぎないのです。

よく考えてみれば、当たり前のことです。ドライバーとウェッジを比較してみてください。圧倒的にドライバーのほうが長いですよね。クラブヘッドの移動距離が長いほうがボールは飛ぶ――。すなわち、ヘッドスピードが速いということなのです。

「最高のミート率」を実現するスイングとは？

グリップがクラブヘッドのつねに前にあるというG1メソッドの特徴は、おのずと二つめの常識を覆します。それは「スイングの支点」です。

従来のゴルフ理論では、左足に体重移動したら腰の回転を止めて左サイドに壁をつくり、腕を返してヘッドを走らせることがいいスイングとされてきました。そのため、インパクトの前後で右手と左手の位置関係が入れ替わり、ヘッドがグリップを追い越していきます。つまり、グリップを支点としたスイングです。

これに対し、フィニッシュまでクラブヘッドがグリップを決して追い越さないG1メソッドの

1-3

クラブの重心

クラブのシャフトを人差し指の上に乗せ、左右のバランスがとれてクラブが水平になったときに、人差し指が当たっているシャフトの位置が「クラブの重心」。世界標準のスイングでは、グリップではなく、このクラブの重心位置を支点にして、クラブを操作する

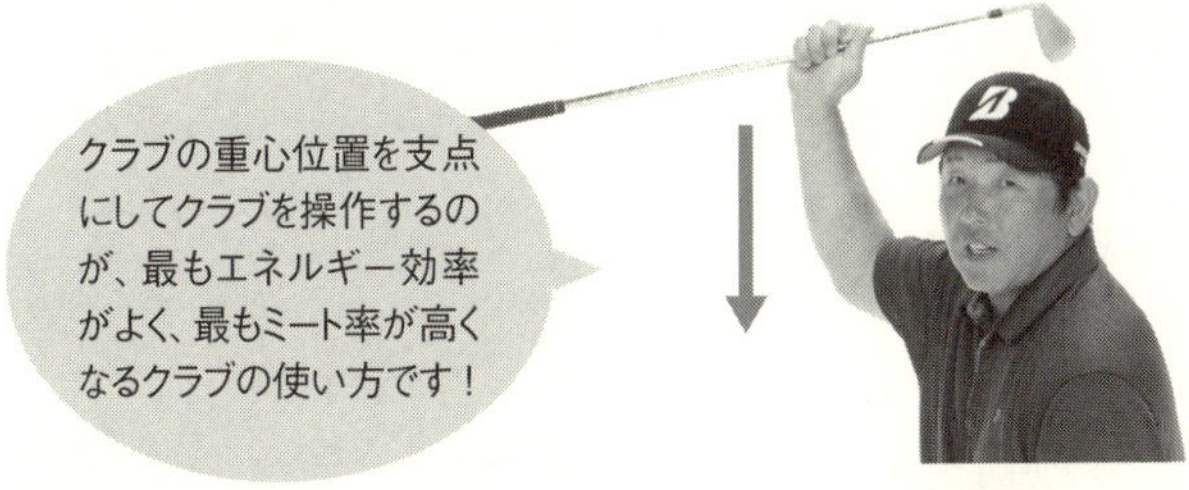
クラブの重心位置を支点にしてクラブを操作するのが、最もエネルギー効率がよく、最もミート率が高くなるクラブの使い方です！

クラブの重心位置の感覚をつかむために、右肩の上で重心を感じながらクラブを上下させてみよう。これにより、後述する「クラブの倒れ込み」の感覚も研ぎ澄まされていく

スイングでは、グリップがスイングの支点になることはありません。

では、G1メソッドにおけるスイングの支点は、いったいどこにあるのでしょうか?

正解は、「クラブの重心」です。

クラブのシャフトを人差し指の上に乗せ、左右のバランスがとれてクラブが水平になったとき、人差し指が当たっているシャフトの位置が「クラブの重心」です（図1-3）。G1メソッドでは、このクラブの重心を支点にして、グリップとクラブヘッドの入れ替えをおこない、クラブを動かします。

これが、最もエネルギー効率がよく、なおかつ、最もミート率が高くなるクラブの使い方なのです。

クラブはしならせない、うねらせる

スイング中、クラブには三つのトルク（ねじれの力）が働きます。スイング軌道に沿って作用するトルクが「α《アルファ》トルク」、上下（縦方向）に作用するトルクが「β《ベータ》トルク」、クラブヘッドが回転する方向に作用するトルクが「γ《ガンマ》トルク」です（図1-4）。

グリップを支点にしたスイングは、スイング軌道に沿って作用するαトルクを利用しながら、γトルクのシャフトのロールを意図的におこない、インパクトでスクエアになるようにフェース

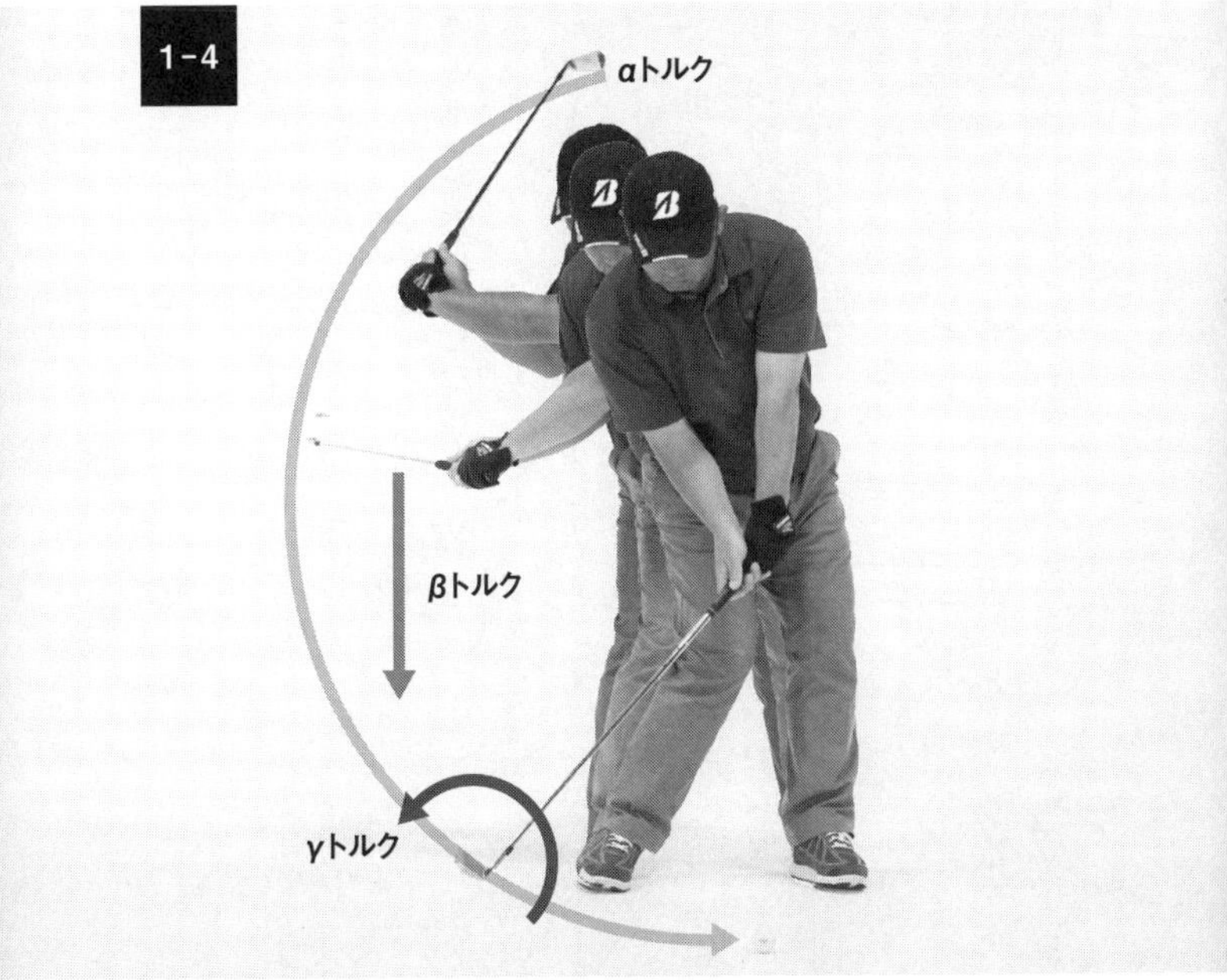

スイング中のクラブには、三つのトルク（ねじれの力）が働く。世界標準のスイングは、これら三つの「ねじれの力」をすべて複合させた「うねりのスイング」。クラブの重心位置を支点に動かすことでクラブがうねり、より大きく、安定したエネルギーをボールに伝えることが可能になる。ミート率も格段に上昇する！

をボールに向けていきます。αトルクによるクラブの〝しなり〟を主に利用してボールを弾く、「しなりのスイング」です。

このスイングはフェースコントロールが難しく、インパクトが安定しません。ボールとクラブフェースがさまざまな角度で当たるので、打球の行方はあっちへこっちへ……、ということになってしまいます。

一方、クラブの重心を支点にしたG1メソッドは、αトルク、βトルク、γトルクの三つすべてを複合させた「うねりのスイング」です。クラブの重心を支点に動かすことでクラブがうねり、三つのトルクを複合的に利用することができます。その結果、より大きく、安定したエネルギーをボールに伝えることが可能になります。

また、クラブの重心を支点にすることで、支点からボールまでの距離が短くなるので、ミート率も上がります。グリップを支点にした場合は、クラブの長さがそのまま支点とボールとの距離になるため、ミート率が下がります。

なかには、クラブと左腕をワンピースにして、グリップを止めずに左肩を支点にしてスイングしている人もいます。先ほど説明したとおり、そのほうがヘッドまでの距離を長くできるため、ヘッドスピードが上がるからです。しかし、左肩を支点にすると、グリップを支点にしたときよりもさらに支点からボールまでの距離が遠くなるので、ミート率が悪くなってしまいます。

「ヘッドの暴れ」を抑えるには？

詳しいことはのちほど説明しますが、Ｇ１メソッドではスイング中、クラブの重心付近を支点にグリップとクラブヘッドの位置が３回、入れ替わります。ボールとターゲットを結んだ直線である「飛球線」の後方から見て、ハーフウェイダウン、インパクト、そして、フォローの各ポジションで、グリップとヘッドの位置が前後左右、あるいは、上下に入れ替わるのです（219ページ参照）。

そのため、スイング中のグリップは非常に大きく動きます。インパクトの時点では、グリップは身体の回転と連動し、左腰の前まで移動しています。身体の正面から見ると、グリップがボールを追い越し、左腰の前まで移動してようやくインパクトを迎えます（図１-５）。

グリップが大きく動くと、ミート率が下がるのではないか。そう感じる人もいらっしゃると思いますが、それも誤解です。グリップを大きく動かして左腰の前に抜いてくると、クラブヘッドはストレートに動き、最短距離でボールを捉えます。

逆に、グリップを身体の前に残し、手でクラブヘッドを振ってしまうと（いわゆる「ヘッドを走らせる状態」）、クラブヘッドが大回りしてボールまでの移動距離が長くなり、ミート率が下がります。また、クラブヘッドがロールする動きも入ってしまうので、フェースコントロールも難

インパクトの瞬間はグリップがボールを追い越し、左腰の前まで移動する

しくなってしまいます。俗にいう「クラブヘッドが暴れる」状態です。

グリップを止めてヘッドを動かそうとするから、ヘッドが暴れてしまうのです。クラブヘッドを暴れさせないようにするには、手元（グリップ）を大きく動かすことです。グリップが大きく動けば動くほど、ヘッドはストレートに近い動きになり、暴れません。一般的には、手元の動きを小さくすればするほどヘッドは安定すると考えられていますが、まったく逆なのです。

ハーフウェイダウン以降は手を使わない

ただし、誤解しないようにしてください。

「グリップを動かす」ことと、「手を使ってクラブを操作する」ことはまったく違います。日本のほとんどのゴルファーは、インパクト前の90度で、グリップを支点にヘッドを動かそうとしてしまいます。しかし、G1メソッドでは、そのポジションでは絶対に手を使いません。手を使うのは、ハーフウェイダウンまでです。

ハーフウェイダウンでは、胸の向いた方向に意識を残したまま、180度反対側の背中越しにターゲット方向を感じとり、その後は背骨を中心に背中をクルッと入れ替える動きと連動して、グリップを左腰の前に導きます。このとき、身体の回転と連動させながらグリップと右ひじを左に移動するだけで、手首や腕を返してヘッドを動かすことはいっさいしません。

ハーフウェイダウンの位置を、別の名称で「デリバリーポジション」とよびますが、デリバリーポジション以降は、身体を回転させてグリップとクラブヘッドの位置を入れ替え、クラブのうねりのエネルギーをボールに伝えます（第7章で詳しく解説するように、G1メソッドでは「SRゾーン」というよび方をしていますが、ここではデリバリーポジションとよんでおきます）。

このとき、グリップは必ず身体の回転と連動し、ターゲットより左方向に動いていることがポイントです。ゴルフは必ずスイングレフト（右打ちの場合）。グリップが左に抜けると、クラブヘッドはまっすぐ動きます。

逆に、ヘッドを左に振ろうとすると、グリップが体の前に残り、腕を返してしまいます。これがグリップ支点ですが、グリップを支点としたこのような動きは、一見するとクラブヘッドを加速しているように見えて、じつは減速していることは、先ほど説明しました。

トップからデリバリーポジションに入るまで、クラブヘッドは重力で落下しながら加速しつづけますが、そこから腕を返してヘッドを振ろうとすると、ヘッドを持ち上げようとする力が加わるためにどうしても減速してしまうのです。すなわち、せっかくのスイングスピードにブレーキをかけてしまう状態です。

腕を返すことなく、クラブヘッドがそのまま下方向に動きつづければ、さらにヘッドは加速します。それが物理の法則です。グリップを左に抜くことでクラブはスムーズに動きつづけることができ、初めてヘッドは加速していきます。

ヘッドはつねに「背中側」に置く

もう一つ、グリップとクラブヘッドの位置関係で大切なことがあります。

それは、「クラブヘッドがつねに背中側にある」ということです。絶対に、クラブヘッドを身体より前に出してはいけません。G1メソッドではスイング中、つねにヘッドを背中側に残したまま回転します（図1‐6）。

ここでは、両肩を結んだラインより胸側の空間を「前側の世界」、背中側の空間を「後ろ側の世界」とよぶことにします。

世界標準のゴルフスイングでは、グリップは「前側の世界」、クラブヘッドは「後ろ側の世界」につねにあります。その状態をキープしたまま、フィニッシュまで身体を回転させるのです。スイング中に、ちょっとでもそのラインを破ってクラブヘッドが「前側の世界」に顔を出したら、その時点でアウトです。

逆に、最後まで「後ろ側の世界」にクラブヘッドが残っていれば、それほど力がない人でも、驚くほどの飛距離が出せます。

ところが、日本ではいまだにクラブヘッドが「前側の世界」に出てきて、グリップを越えるス

1-6

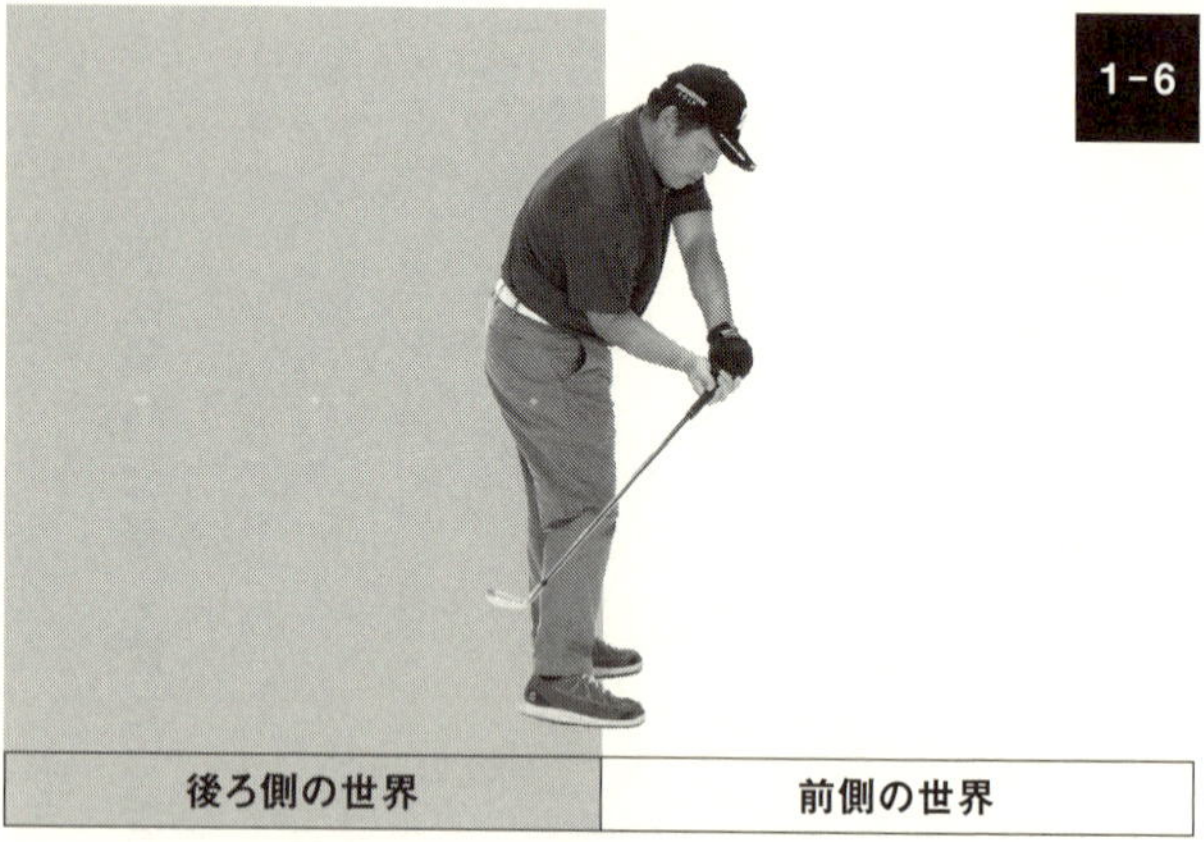
後ろ側の世界
前側の世界

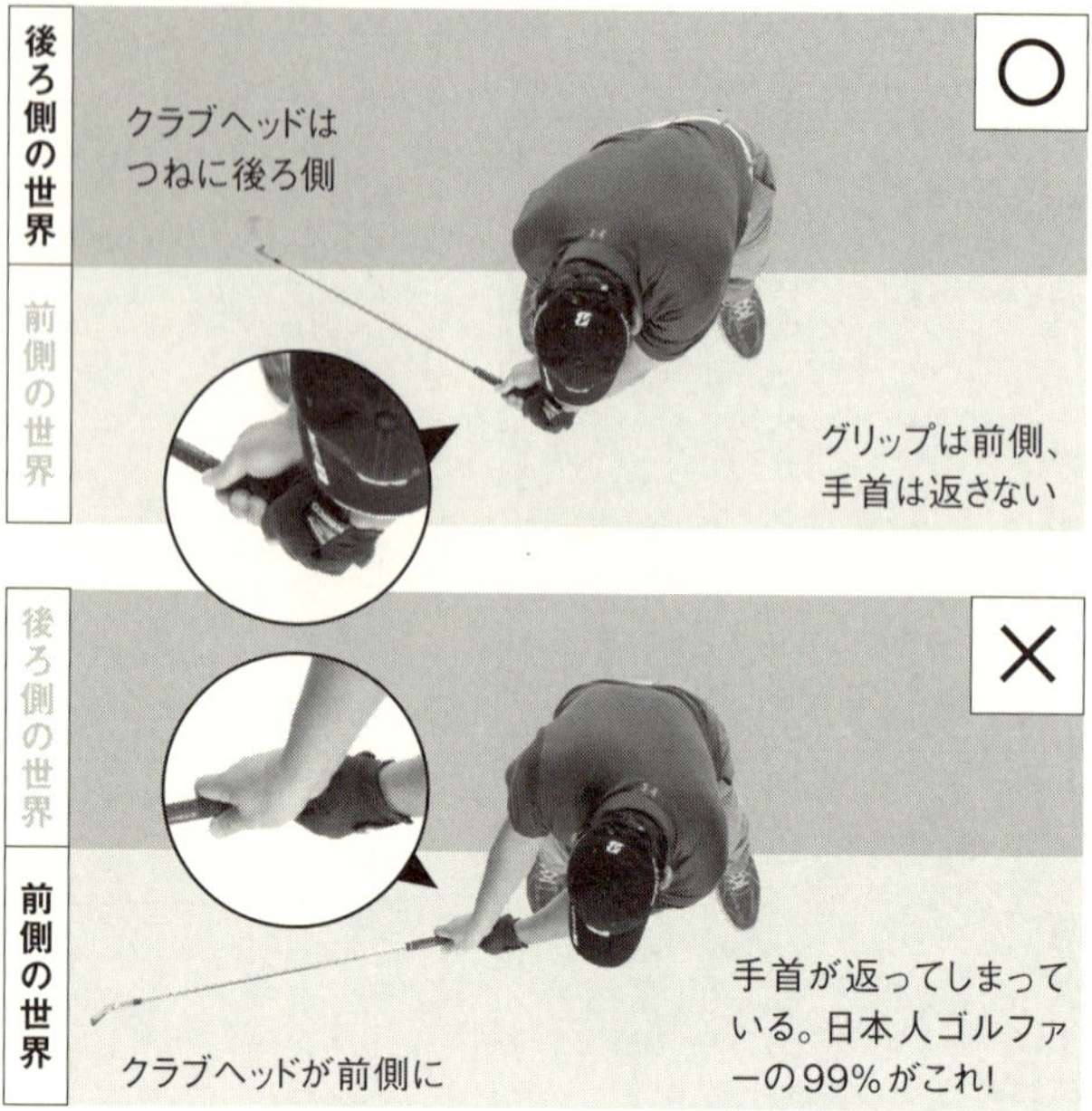
後ろ側の世界
前側の世界
○
クラブヘッドは
つねに後ろ側
グリップは前側、
手首は返さない
後ろ側の世界
前側の世界
×
手首が返ってしまって
いる。日本人ゴルファ
ーの99%がこれ!
クラブヘッドが前側に

イングが主流になっています。そのため、日本人ゴルファーの99％は、腕を返すスイングをしています。欧米のトッププレーヤーで、こんなスイングをしている人はめったに見かけません。

ゴルフスイングでは、クラブヘッドがつねに背中側＝「後ろ側の世界」にあることが非常に重要です。クラブヘッドが身体の前側＝「前側の世界」に出た瞬間に、クラブヘッドのエネルギーは小さくなります。身体の前側のエネルギーをつくるのは胸筋だからです。それに対して、背中側にあるものを振るエネルギーは背筋です。胸筋よりも背筋のほうがはるかに強いことは、いうまでもありません。

ボクサーがパンチを打つときも、背中の筋肉を使わないと大きなダメージは与えられません。先述したとおり、力積とは力×時間ですが、このときの力とは〝体圧〟のようなものです。重いパンチを放つためには、自分の体重を乗せる必要があります。胸筋を使って拳を前に突き出すジャブのようなパンチは、体重が乗らないために弱いのです。

ゴルフでも、この体圧を増すために強い背筋を使ってスイングすることを考えます。背筋を使えば、切り返しの際の肩と腰の捻転差をキープした状態でボールを押し込む動きができます。背筋を活用して回転するためには、両肩を結んだラインよりも前にクラブヘッドを出さないことが鉄則なのです。

○クラブヘッドは、フィニッシュまでグリップを追い越さない
○クラブの重心を支点に、グリップとクラブヘッドを入れ替える
○クラブヘッドは、つねに背中側＝「後ろ側の世界」にとどまる

こんなことが書かれているゴルフの本は、おそらく日本には一冊もないでしょう。しかし、欧米ではこれが、「世界標準のスイング」になっているのです。

1-3 世界標準のスイングを体得する四つのポイント

スイングとは「クラブのトリセツ」である

G1メソッドの主役は、ボールを打つ「人」ではなく、「ゴルフクラブ」です。「嫌がるクラブ」をむりやり動かすようなことはしません。クラブの動きを手のセンサーで感じ、ちょっとだけ動きの方向を変えてやるのです。クラブを自由奔放（フリー）にさせておいて、動きにズレが生じたら軌道修正する感覚です。

私はこれを、「クラブを手なずける」と表現しています。子供は、「勉強しろ」といってむりに机に向かわせても、なかなか勉強するものではありません。でも、自由に遊ばせておいて、ちょっとだけ方向性をリードしてあげれば、やがて自分から学ぼうとします。ゴルフスイングも、それと同じことです。

ゴルフクラブは、正しく扱えば必ずパフォーマンスを発揮するように設計されています。まっすぐ飛ぶし、飛距離も出る。間違った使い方をするから、クラブがいうことを聞いてくれないのです。

G1メソッドは、設計されたクラブの構造から導き出されたスイング理論にほかなりません。

別のいい方をすると、「G1メソッドは、ゴルフクラブの正しい取り扱い説明書である」といっていいでしょう。

そして、その「クラブの取り扱い方」は、日本でこれまで主張されてきた理論とはまったく異なります。これをマスターするためには、一つひとつの身体部位の動きを理解して、そのさばき方を覚えることです。空手でいう「型」のようなものです。「型」を繰り返し練習し、身体のさばき方をマスターすれば、自然と正しいスイングができるようになります。

「型」の詳細については次章以降で解説しますが、この章では以下、少しだけそのエッセンスを紹介しておきたいと思います。

いかに身体をねじるか——飛距離を左右する「Xファクター」とはなにか

G1メソッドの一つめの要点は、「身体を柔らかく使う」ことです。

グリップも手首も、ひじも肩も、背中も脚も、すべてゆるゆる。どこにもテンションがかかりすぎることはなく、スイングの途中で身体のどこかを止めるような動きもいっさいありません。いったんスイングが始まったら、フィニッシュまでよどみなく流れていきます。

その狙いは、速い回転を生むための「身体のねじれ」をつくることです。身体のどこかが緊張し、力が入っていると、身体をうまくねじることができません。身体のどこにも力を入れず、雑巾を絞るときのように身体をしならせ、大きな捻転差をつくることが、ゴルフスイングではとても大切なのです。

この捻転差のことを、欧米では「Xファクター」とよびます（図1－7）。頭上から見て、肩のラインと腰のラインがクロスし、アルファベットの「X」の字形を描くことが、その名の由来です。

Xファクターは、ゴルフスイングにおけるきわめて重要な要素の一つです。Xファクターが大きくなるほど捻転差が大きくなり、より多くの「ねじりのエネルギー」を使うことができます。逆に、Xファクターをつくれずに上半身と下半身が同じ方向を向いてしまうと、ねじりのエネルギーが生まれないため、手を強く使うスイング、すなわち、「手打ち」になってしまいます。

捻転差をつくるためには、身体を動かす順序もとても重要です。これを「シークエンス」といいます。

ゴルフスイングにおけるシークエンスは、右足のかかとを踏み込むことからスタートして下半身から順に動き出し、最後にクラブヘッドが動きます。決して、腕から動かしてクラブを持ち上げようとしてはいけません。

そして、切り返しで、こんどは左足のかかとを踏み込むと同時に右ひざを送り込むと、下半身の動きが上半身とは逆方向になります。このとき、胸はまだ斜め右方向を向いていて、左肩は開

○

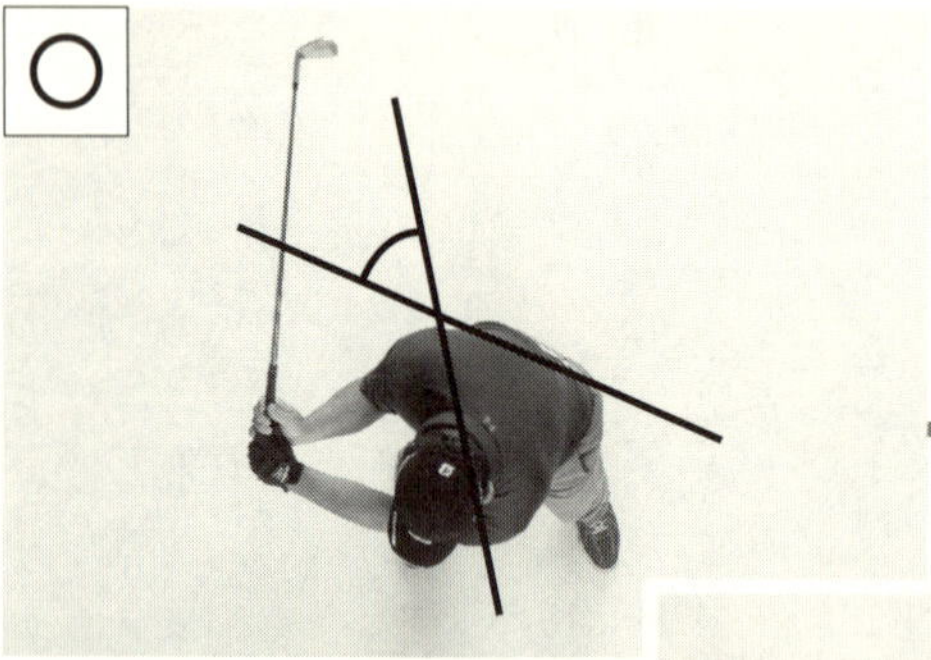

速い回転を生むための「身体のねじれ」＝捻転差が「Xファクター」。Xファクターが大きいほど、より大きい「ねじりのエネルギー」が生まれ、飛距離が伸びる

×

Xファクターがつくれていない

上半身と下半身が同じ方向を向いてしまうと、ねじりのエネルギーが生まれずに“手打ち”になってしまう

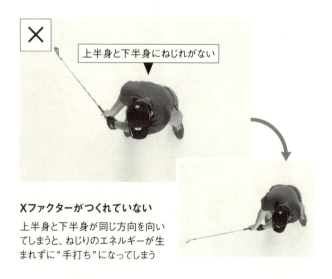

いていません。

正しいシークエンスで身体を動かすことが大切なのは、あらゆるスポーツに共通しています。野球のバッティングを思い浮かべてください。野球の未経験者や女性にはよく、バットから動かして必死にボールに当てようとしている人がいます。ボールに対して、上半身が先に反応し、右肩が前に出てしまうタイプです。でも、それではなかなかボールはバットに当たりませんし、たとえ当たっても、ヘッドスピードが遅いためにボールは遠くに飛んでくれません。

プロ野球のバッターを見てください。絶対にバットから振りにいくことはしないはずです。右バッターなら左足を踏み込み、右ひざを送りこんでから、上半身が少し遅れながら回っていきます。プロのバッターの場合、ほんの少し肩の開きが早いだけで、スランプに陥ることがあるといいます。身体を動かす順序は、それほど大切なものなのです。

〝タメ〟が自然にできるスイング――「クラブを落とす」感覚を体得せよ

二つめのポイントは、「ダウンスイングでクラブを倒し込みながら落下させる」ことです。

G1メソッドでは、決してクラブのシャフトを立てて下ろすことはしません。それを聞くと、「エッ！」と驚く人もいらっしゃるでしょう。

日本では、クラブを立てて下ろすのが上級者とされてきたからです。クラブを寝かせてしまうとタメがつくれず、ヘッドスピードが上がらないというのがその理由です。レッスンを受けて、「ダウンスイングでクラブが寝ていますよ。もっと立てて下ろしてください」と教わった経験がある人も、少なくないと思います。

しかし、世界標準のスイングでは、クラブは絶対に立てて下ろしません。バックスイングで左腕が地面と平行になったときにいったんクラブが立ち、そこからはヘッドの重み（クラブ自身の重さ）で右肩の方向に倒れ込んでいきます。ダウンスイングでは、クラブが倒れ込んでくる重さを感じながら、クラブの重心を変えずに身体の右側に垂直に落下させるのです。

最下点では、シャフトが地面と平行になる段階をすぎ、ヘッドの位置のほうがグリップの位置より低くなります。

G1メソッドでは、この動きを「裏面ダウン」とよび、フェースの裏を地面に向けて落下させる感覚でおこないます（図1−8）。「裏面ダウン」ができるようになると、クラブが身体に巻きつく感覚がわかります。この、クラブが身体に巻きつく感覚こそが、本当のタメです。

タメは、勝手につくられるものであって、自分で意識的につくろうとしてはいけません。クラブを立てて、身体の右側でグリップを真下に落とし、そこから一気に手首を使ってヘッドスピードを上げようとする動きは、タメではなく、キャスティングです。釣りをするときに、スナップを利かせて竿をしならせ、仕掛けを投げることをキャスティングといいますが、あの動きと同じ

1-8

○

クラブのフェースが上（空）を向いている

フェースの裏を地面に向けて落下させる「裏面ダウン」。このとき、クラブが身体に巻きつく感覚が「本当のタメ」

クラブのフェースは上（空）を向き、フェースの裏が下（地面）に向く。これが「裏面ダウン」

「クラブを立てて下ろすのが上級者」とされるのは“ジャパニーズ・ゴルフ”だけ。この形から手首を使ってヘッドスピードを上げようとすると、キャスティングになる

×

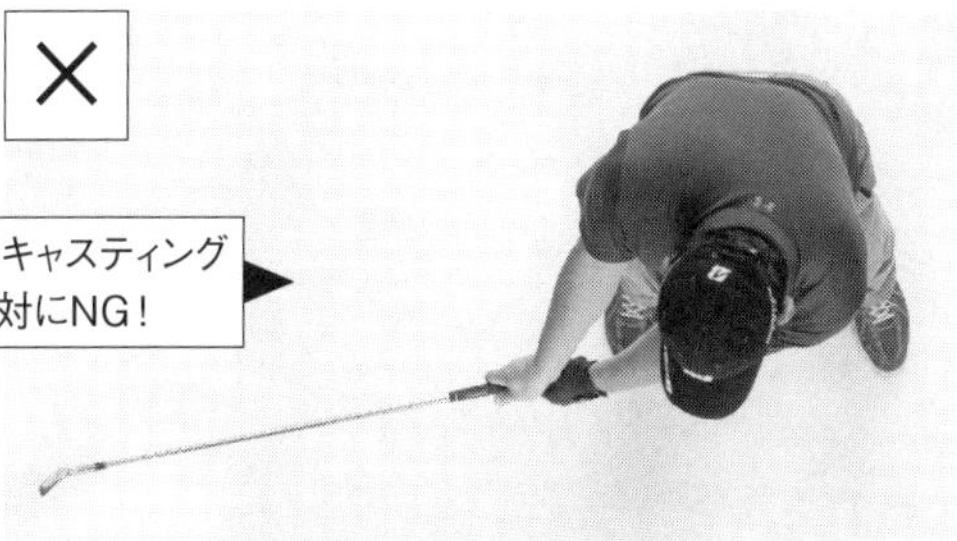

手首を使ってキャスティングする動きは絶対にNG！

なのです。キャスティングは、ゴルフでは絶対にやってはいけません。

本物のタメは、クラブの重さや重心を使わないとできません。クラブを倒し込みながら重心をできるだけ垂直に落下させ、クラブが身体に巻きつく感覚がわかるようになれば、自然とタメができるようになります。

オンプレーンスイングは間違い

G1メソッドでは、クラブヘッドがグリップよりも低いところからボールに向かうわけですから、ヘッドは当然、地面に近い位置を通り、ボールへの入射角はきわめて浅くなります。バックスイングでクラブを上げた位置よりも、クラブが下を通ってくるシャロースイングです（図1-9）。

よく「オンプレーンスイングが理想」といわれます。アドレス時のシャフトの延長線上のラインと、首の付け根とボールとを結んだラインのあいだをスイングプレーンとよび、スイングの軌道がこのスイングプレーン内に収まるのがオンプレーンスイングですが、人間の身体の特性を考えるとむりがあります。

上半身と下半身に捻転差が加わった状態からクラブが下りてくると、必ずクラブはオンプレーンよりも内側の軌道を通ります。それを自分でオンプレーンに乗せようとすると、手を使うしか

1-9

低い位置から芝をなぎ倒すようにして、ボールだけをかっさらうイメージでスイングしよう
スイングプレーン

世界標準のスイングでは、クラブヘッドは地面に近い位置を通る。ボールへの入射角がきわめて浅い「シャロースイング」だ。「スイングプレーン内に収めよう」とオンプレーンスイングを意識すると、手打ちになる

ないので、かえってスイングがギクシャクしてしまうのです。

低い位置から芝をなぎ倒すようにして、ボールだけかっさらう——。それが、G1メソッドのイメージです。

「そんなに低い位置からヘッドを入れたら、すくい打ちになってしまうのではないか」とおっしゃる人もいるでしょう。でも、心配ご無用です。

ボールへの入射角が浅くても、身体のさばきによってグリップがクラブヘッドより先行する「ハンドファースト」の状態でインパクトできれば、自然とフェースが立った状態でボールをヒットできるからです。

それが、三つめのポイントである「グリップとクラブヘッドの入れ替え」です。

前述したとおり、G1メソッドでは、クラブの重心を支点として、グリップとクラブヘッドの位置を入れ替えます。この身体のさばきによって、グリップはボールを追い越し、左腰の前に抜けてきたところでインパクトを迎えます。完全なハンドファーストの状態です。クラブヘッドは、このグリップとの入れ替え操作によって、最短距離でボールに向かいます。

G1メソッドは、グリップを支点に手首を利かせてキャスティングすることはいっさいやりません。じつは、このキャスティングこそが、ロフトが寝て〝すくい打ち〟になってしまう最大の原因なのです。手首を使ってしまうことでヘッドが先行し、ハンドファーストの状態でインパクトできないのです。

キャスティングをしない身体さばきのＧ１メソッドならば、意識してハンドファーストに打とうとしなくても、自然とハンドファーストになります。

「捻転→落下」から「まーるく」振る

四つめのポイントは、「まーるく振る」ということです。Ｇ１メソッドでは、クラブヘッドを、ボールとターゲットを結ぶ飛球線と平行に動かすことはいっさいありません。クラブヘッドは、つねに身体のまわりで円軌道を描いて動きます。

時計を使って説明しましょう。

時計の文字盤の上に立ち、それを頭の真上から見ているようすを想像してください。身体の正面が12時、真後ろが6時、右が3時、左が9時で、時計の中心にクラブヘッドを置き、その中心と6時のちょうど中間に立つイメージです。この時計を、「頭上時計」とよぶことにします（図1－10）。

ダウンスイングでクラブが落下した最下点では、クラブヘッドは頭上時計の4時～4時半くらいの方向を指します。そこから円弧に沿って7時半～8時くらいのところまで、反時計回りにグルッとクラブを動かしていきます。

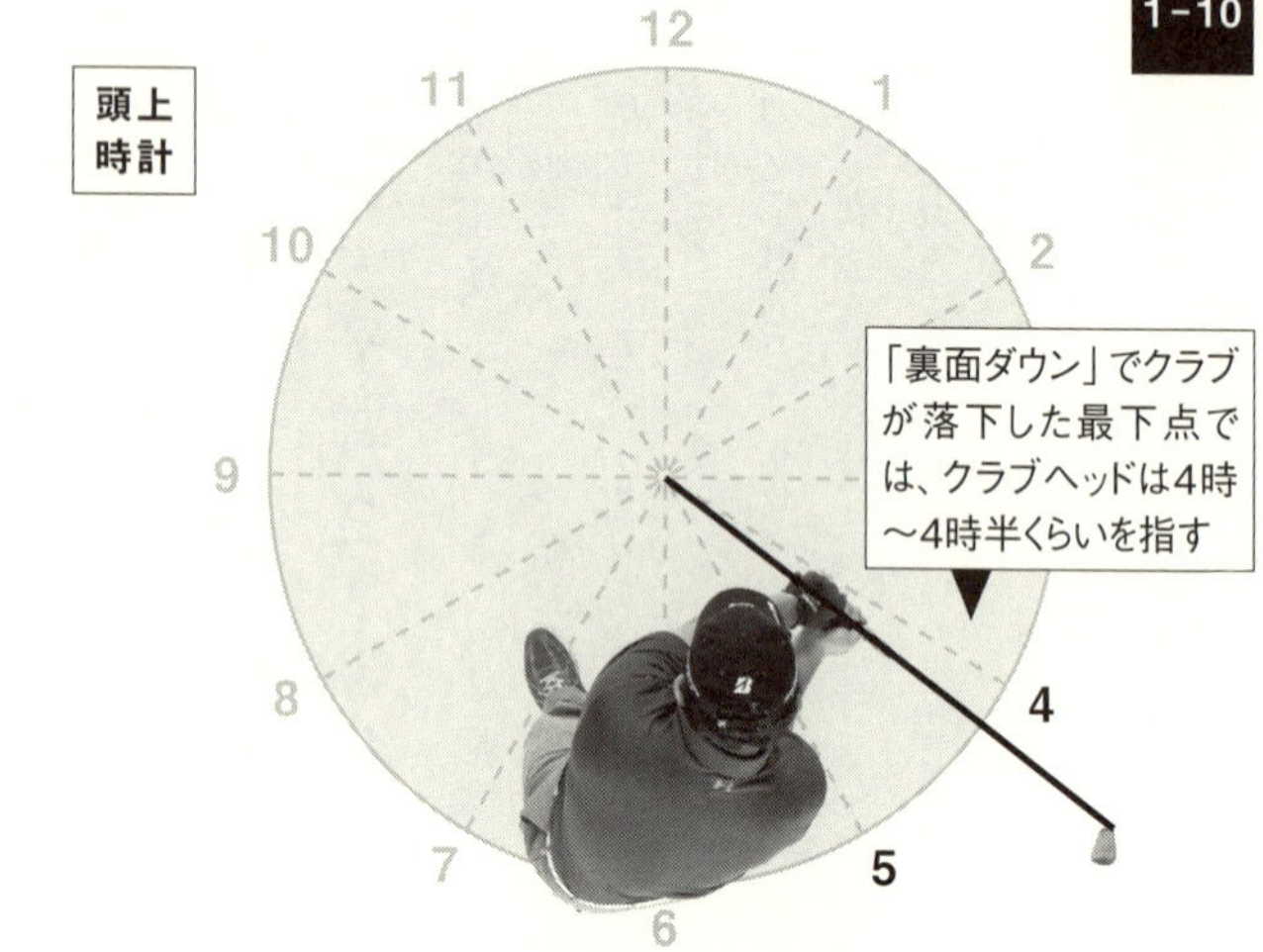
頭上
時計
12
1
2
4
5
6
7
8
9
10
11
「裏面ダウン」でクラブが落下した最下点では、クラブヘッドは4時〜4時半くらいを指す

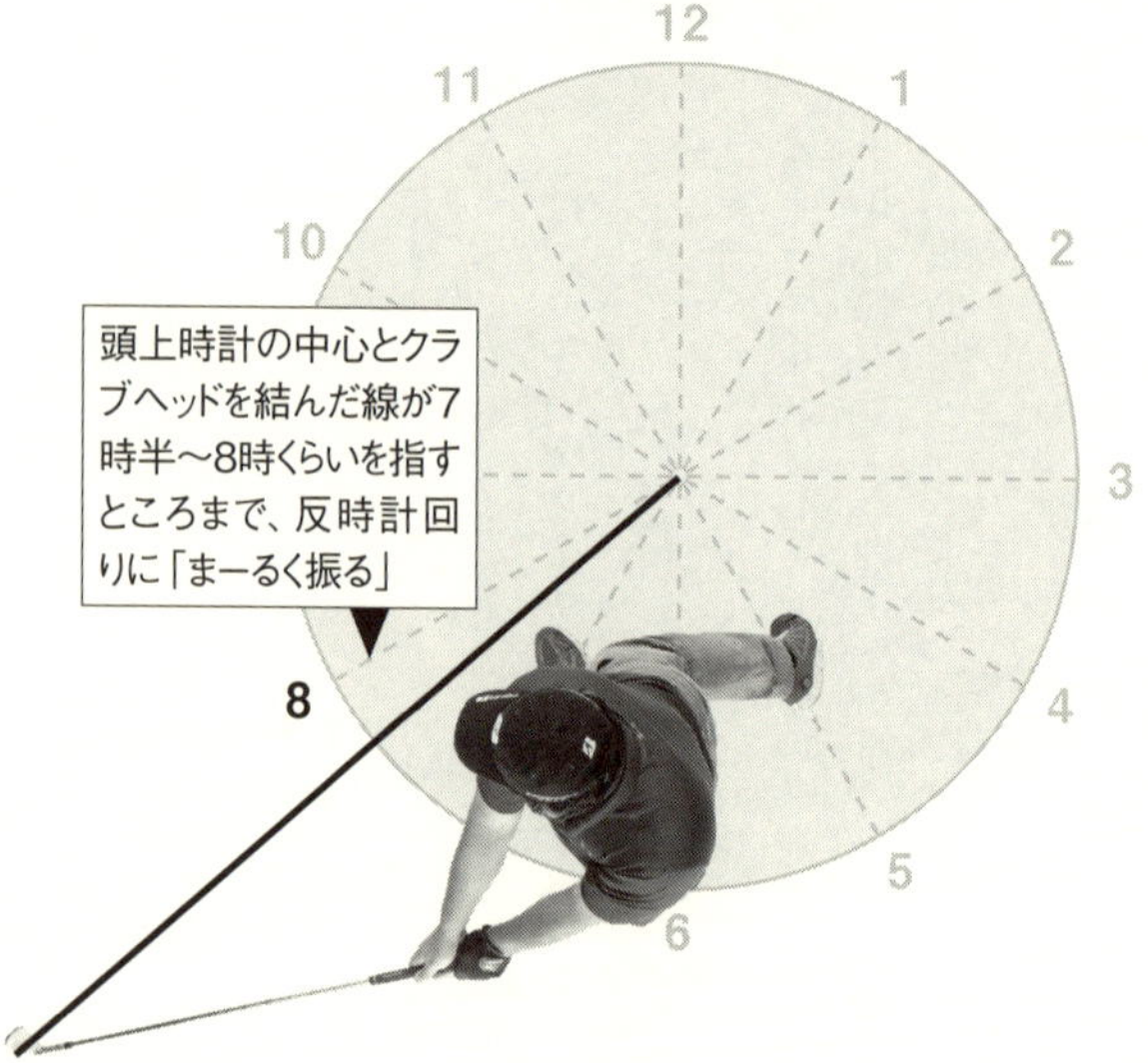
12
1
2
3
4
5
6
8
10
11
頭上時計の中心とクラブヘッドを結んだ線が7時半〜8時くらいを指すところまで、反時計回りに「まーるく振る」

これが、「まーるく振る」という言葉のイメージです。遠心力を感じて背中越しに放り投げる――。どうです、遠心力を感じて背中越しに放り投げるハンマー投げとよく似ていませんか？（27ページ図1－1参照）

もちろん、その場で回転しているだけでは、単なるスピンにすぎず、ボールを遠くに飛ばすパワーは生まれません。体重移動のある回転とスピンの違いは、捻転差（Xファクター）があるかどうかです。身体が正しいシークエンスで動き、捻転差を生み出すことができれば、体重移動は自然とおこなわれます。その場で回転しても、背骨を軸に背中がしっかり入れ替われば、右足かかとの内側から左足かかとの内側へ体重移動がおこなわれるのです。

そして、いま挙げたG1メソッドのポイントはすべて、ドライバーからアプローチまで、あらゆるスイングに共通しています。クラブが変わっても、スタンスの広さとボールを置く位置が変わるだけで、スイング自体はまったく変わりません。

振り幅が変わっても、捻転→落下→回転というスイングの流れは一定ですし、身体を動かすシークエンスも同じです。どんなに小さなスイングでも、手から動かすことはありません。必ず足から始動し、フルスイングと同じシークエンス、同じメカニズムでスイングします。

「インパクト＝アドレスの再現」も間違い

いかがでしょう？　これまで学んできたスイング理論とはずいぶん違うのではありませんか。日本で常識とされていることとは真逆の内容も多く、戸惑っていらっしゃる方もおられると思います。

でも、これこそが、オーストラリアに渡って以来、20年以上にわたって、身体に負担のかからないスイング、最小の力で最大のパワーを生み出す効率的なスイングを追求してきた私が、最後にたどり着いた究極のスイングなのです。

そして、それはいま世界標準となっているスイング理論の流れにあります。柔らかくて、身体への負担の少ない回転を利用したスイングが、いま世界では主流になっているのです。

もしかすると、ここまで読まれてきた読者のなかには、「本当にこんなやり方で打てるのか」と疑問をお持ちの人もいるかもしれません。きっと、「クラブヘッドをグリップよりも低い位置まで落下させるなんてありえない！」と思われる人もいることでしょう。

断っておきますが、私は「実際にクラブヘッドはグリップより下に落下する」とはいっていません。これらはあくまでも「自分でイメージする動き」を言葉で表現したものです。私がスイングしている動画を見ると、解説どおりのクラブの動きはしていません。実際には、クラブは右肩の肩口からほぼスイングプレーンに沿って下りてきます。

それがゴルフなのです。目に見える動きとは違う動き方をすることで、さまざまな動きが連動し、クラブは正しい動き方をします。自分でスイングプレーンをなぞろうとしたら、絶対にその動きにはならないのです。理想とするクラブの動きと、それを実現するための身体のさばきを体感的に習得するための、イメージづくりと理解してください。

多くのゴルファーは、インパクトの形が「アドレスの再現」だと誤解しています。そのため、インパクトでアドレスの形に戻すにはどうすればいいかを考え、そこから逆算してスイングをつくろうとします。

しかし、実際のインパクトでは、アドレスしたときよりも腰が回転していて、グリップもはるかにボールを越えていきます。インパクトから逆算してスイングをつくろうとすると、絶対に理想とするクラブの動きを実現できないのです。

正しいスイングにたどり着く近道は、スイングの作法＝メソッドを覚えることです。次章からは、アドレスからフィニッシュまで、Ｇ１メソッドの各ポイントを徹底的に解説していきます。

一つひとつのメソッドをマスターして、一連の流れとしてスイングできるようになれば、あなたのスイングは必ず、そして劇的に変わります。しっかりと頭に入れて、ぜひ練習場で実践してみてください。

第2章

世界標準のグリップ

──「すっぽ抜ける」ように柔らかく握る

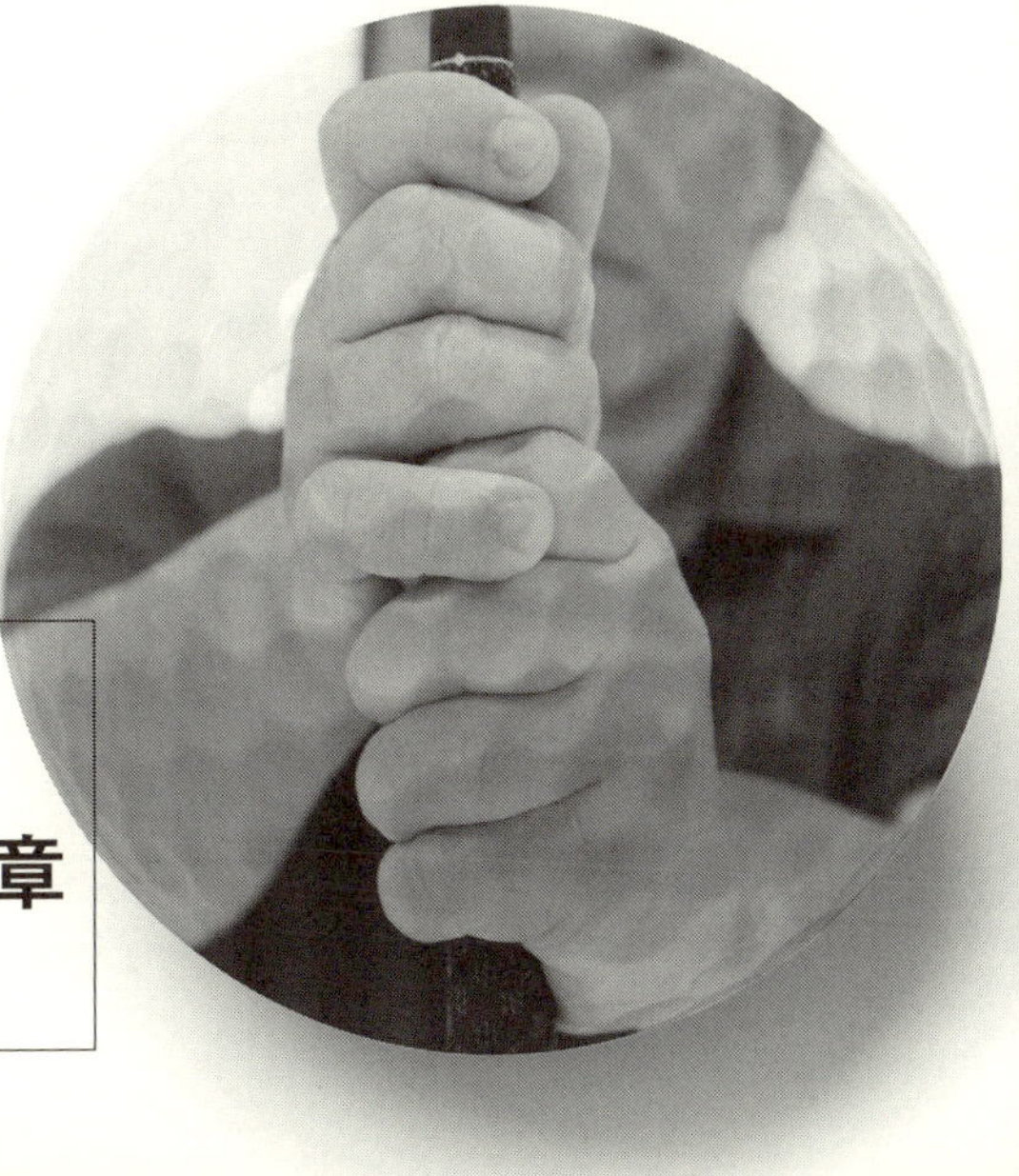

2-1「ショートサムで柔らかく握る」が基本

クラブは「ドアノブを握るように」握る

まずは、理想的なスイングの大前提となるグリップの話から始めましょう。

グリップは、身体とクラブをつなぐ唯一の連結部分です。間違った握り方をしていると、クラブの自然な動きを妨げてしまいます。G1メソッドが目指しているのは、クラブの遠心力を使った低くて丸いシャロースイングです。クラブの遠心力をしっかり使ってスイングするためにも、グリップはきわめて重要なポイントとなります。

グリップに関してまず気をつけたいのは、握る強さです。ギュッと強く握ってしまうと、クラブの遠心力を感じることができません。

では、具体的に、どれぐらいの力加減がちょうどよいのでしょうか。私は、「全力で握ったときの力が10だとしたら、2くらいの力加減」と説明しています。想像以上に、かなり柔らかく握ることに驚かれるでしょうか。

イメージしやすいのは、ドアノブを持つときの力加減です。ドアを開けるとき、ドアノブをギュッと握ることはしませんよね。指先で軽くノブを持ち、クルッと回します。試しにドアノブを握って左右にカチャカチャ回してみてください。軽く握ったときは、前腕も連動して回りスムーズに動きますが、強く握ると、腕が暴れてギクシャクしてしまうはずです。

ゴルフのグリップに対しても、ドアノブをカチャカチャ回すときのような柔らかさが必要です。スイング中にクラブがすっぽ抜けてしまうくらい、本当にソフトに握ります。「握る」というよりも、「触る」という表現のほうが合っているかもしれません。

また、クラブの動きを妨げないためには、手首の柔らかさも必要です。手首をアクティブに使うことはしませんが、自らの慣性で自由に動こうとするクラブの動きを妨げたくはありません。

クラブが自由に動くことを邪魔しない柔らかなリスト。Ｇ１メソッドでは、これを「ボールベアリングリスト」とよんでいます。手首にボールベアリングが埋め込んであるかのように、なめらかで柔らかい手首の動きをイメージしています。

クラブがすっぽ抜けるくらいの強さ（弱さ）で

クラブの遠心力を感じることができる握りの強さと、クラブが自由に動くことを妨げない手首の柔らかさ――。この二つは、Ｇ１メソッドにとって欠かせない要素です。

ゆっくりとスイングしながら背中越しにターゲット方向を感じとり、それより左斜め45度前方に向けてクラブを放り投げてみてください（ネットのある場所など、安全には十分に注意しておこないましょう）。そのとき、クラブがスポッとグリップの隙間《すきま》から抜けて、まっすぐ飛んでいけばOKです。正しい力加減でグリップができています。

もし、クラブが回転しながら飛んでいったら、それはグリップが強すぎる証拠。握る力が強いと手元でブレーキがかかり、クラブはグルグル回転してしまいます。また、手首が硬いとクラブの動きを妨げ、自分の力でクラブをコントロールしてしまうので、クラブの飛ぶ方向が一定しません。

私のレッスンには、年間でのべ2000人が参加されますが、正直にいって、最初から柔らかいグリップをしている人には滅多に出会えません。10人中9人はガチガチに力を入れて、クラブを握っています。まずはできるだけ柔らかくクラブを握ること。そこから始めましょう。

グリップの強さに関しては、もう一つポイントがあります。

アドレスからフィニッシュまで、握りの強さを変えないことです。せっかくアドレスでは柔らかく握っているのに、トップで力が入ってギュッと握ってしまう人をよく見かけます。これではやはりクラブの動きにブレーキがかかり、遠心力を使えません。

グリップのテンションが一定に保たれていると、手首が柔らかくなり、クラブの重みを感じられるようになります。トップでも両ひじに余裕が持てるので、図2‐1に示すように両ひじを左右に動かすことができ、両肩はスッと落ちてなで肩になって、首もスッと伸びています。それく

2-1

両ひじを左右に動かす（開いたり閉じたりする）ことができるくらい、柔らかいグリップが世界標準

×

強く握りすぎるグリップは
スイングのブレーキにしかならない

日本人ゴルファーの9割がこんなグリップをしています。これでは打てません！

らい上半身がリラックスしているからこそ、下半身リードで軽やかなスイングができるのです。

できるだけ柔らかくグリップし、フィニッシュまでその力加減をキープするよう心がけましょう。

指を使ってスクエアに握る

次は、グリップの形です。そのポイントは、手のひらではなく、指で握ること。指でグリップすることで、自然と力も抜けます。

私は「スクエアグリップ」を基本としています（図2－2）。右手の親指と人差し指のあいだにできるV字が、あごと右肩のあいだを指していればOKです。私はこれをスクエアグリップとしています。V字の指す方向が右肩より外側にはずれていると「フックグリップ」、あごより内側を指していると「ウィークグリップ」になります。

最近は、ややフック気味に握る人が増えていますが、フックグリップは手をアクティブに使ってしまいがちなので、お勧めできません。力のない女性でも、このV字が右肩を指すぐらいまでの範囲で収まるように指導しています。

具体的な握り方としては、クラブを身体の正面に持ってきて、ソールを地面に着けたら、左手の人差し指が下、親指が上になるように、第一関節までの部分、すなわち、指の腹を当てて、ク

2-2

右手の親指と人差し指のあいだにできるV字が、あごと右肩のあいだを指していればOK。V字の指す方向が右肩より外側にはずれているのが「フックグリップ」、あごより内側を指すのが「ウィークグリップ」

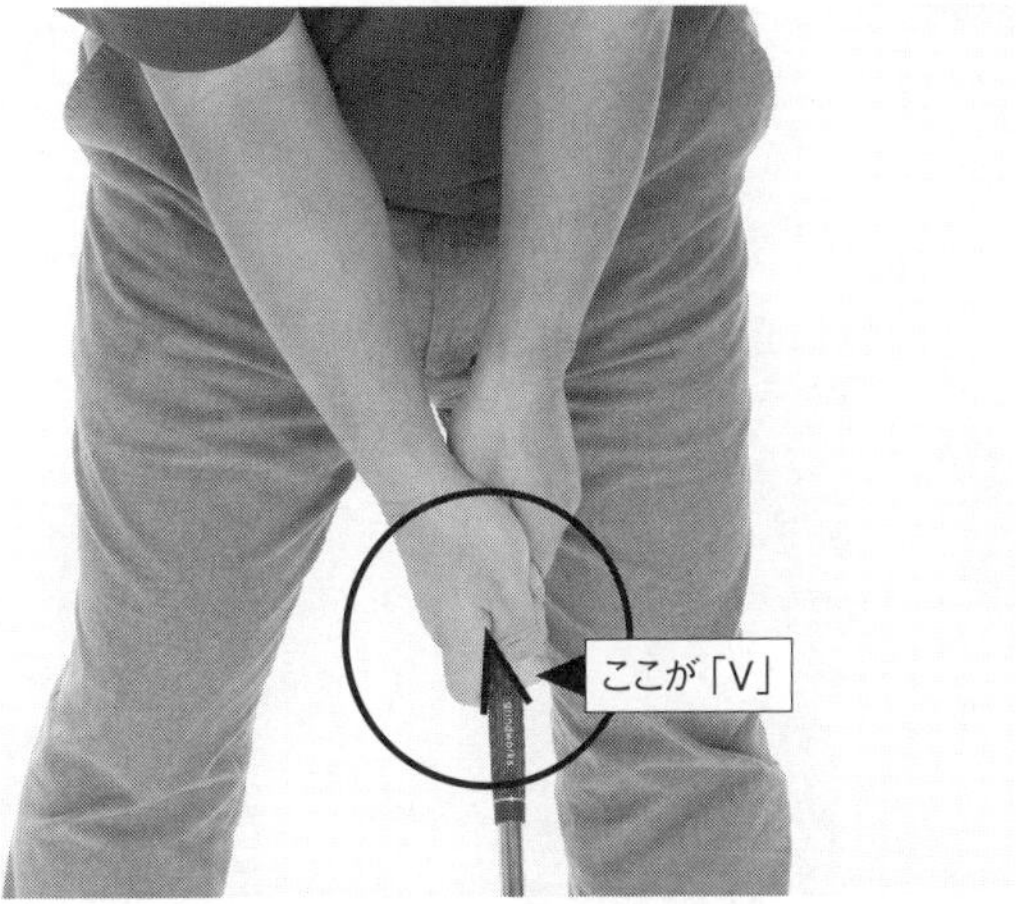

世界標準の「スクエアグリップ」は、手のひらではなく、指で握る

左手のグリップ：人差し指が下、親指が上になるように第一関節までの部分＝指の腹を当てて「グリップ」をつまむ

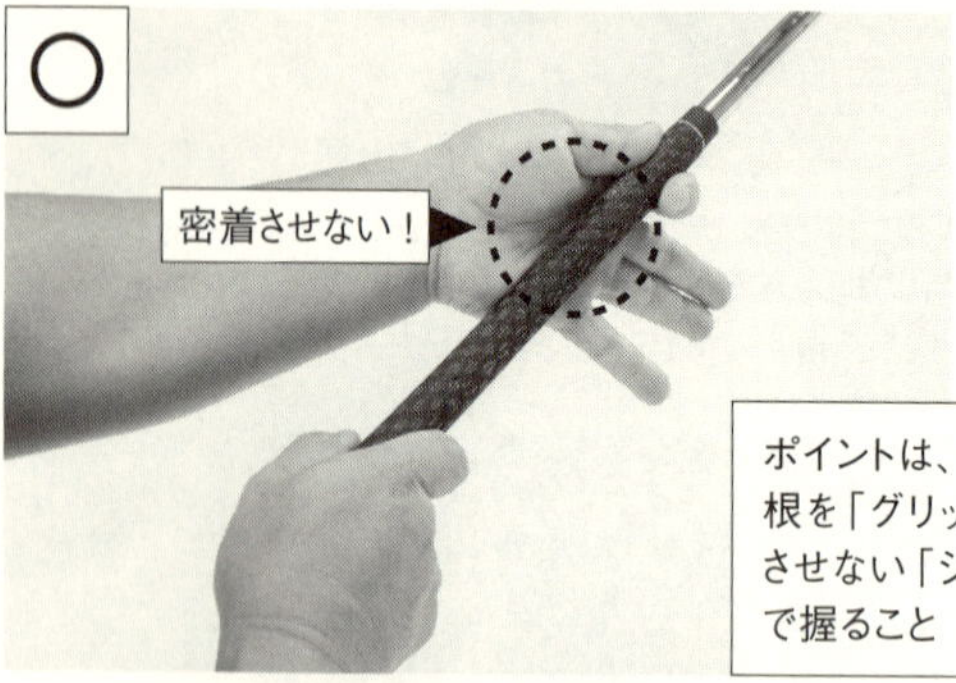

ポイントは、親指の付け根を「グリップ」に密着させない「ショートサム」で握ること

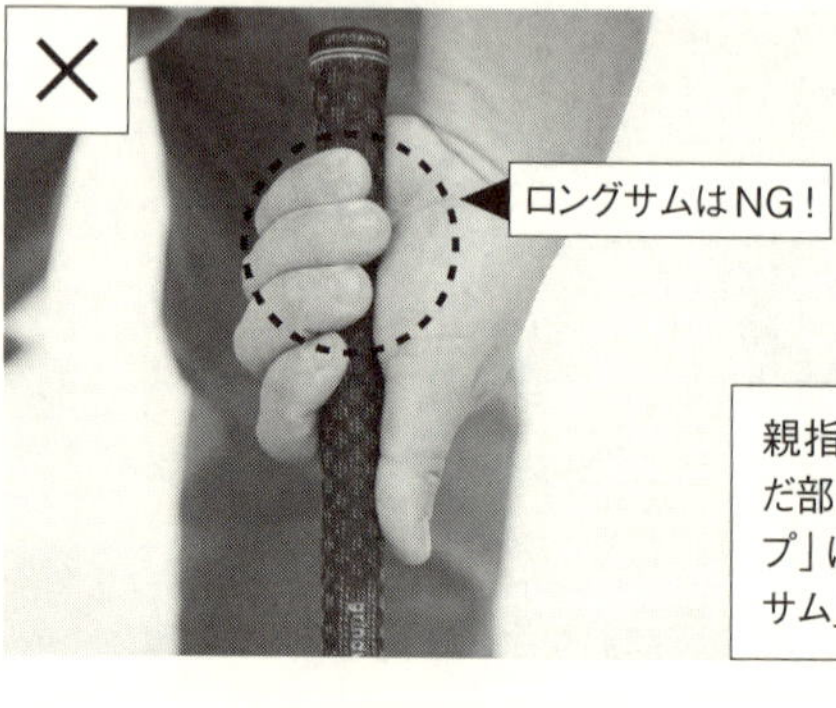

親指の付け根のふくらんだ部分＝母指球を「グリップ」に密着させる「ロングサム」は、「非」世界標準

ラブの「グリップ」（クラブの握る部分・以下「グリップ」は同）をつまみます（図２－３）。

親指の付け根まで「グリップ」に密着させる「ロングサム」で握っている人がいますが、Ｇ１メソッドでは親指全体を「グリップ」に当てることはしません。必ず、第一関節までが「グリップ」に触れる「ショートサム」で握ります。

これまでロングサムで握っていた人には、親指の付け根のふくらんだ部分である母指球のあたりが「グリップ」に触れないことで、最初は違和感があると思いますが、必ずショートサムで握るようにしてください。左手の親指をショートサムで握った場合、トップでは親指の第一関節から先、親指の腹でクラブを支える形になります。そのため、長年ゴルフをやっていると、親指の第一関節より先が爪側に反った「反り指」になってきます。「反り指」になってしまえば、違和感は解消するはずです。

「指で握る感覚」を研ぎ澄ます

親指と人差し指でクラブをつまんだら、こんどは頭脳線に沿って「グリップ」を手のひらに当てます（図２－４①）。

頭脳線は手相占いで思考を司るとされる線で、親指と人差し指の中間あたりを起点に、手のひらを斜めに横切っています。この頭脳線に沿って「グリップ」を当て、小指の付け根のふくらん

2-4

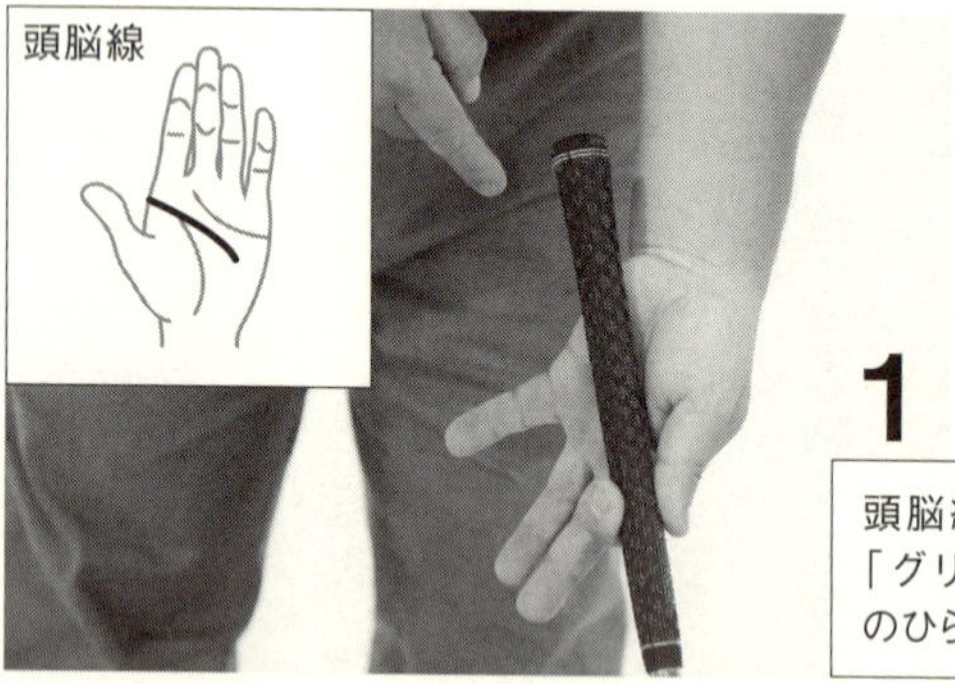

1

頭脳線に沿って、「グリップ」を手のひらに当てる

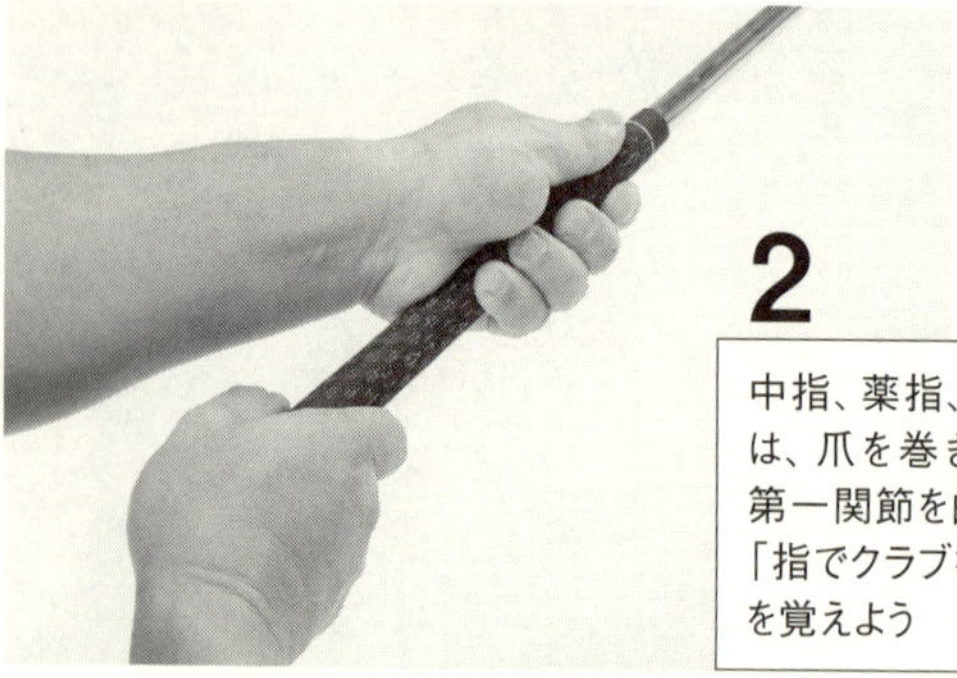

2

中指、薬指、小指の3本は、爪を巻きこむように第一関節を曲げて握る。「指でクラブを握る感覚」を覚えよう

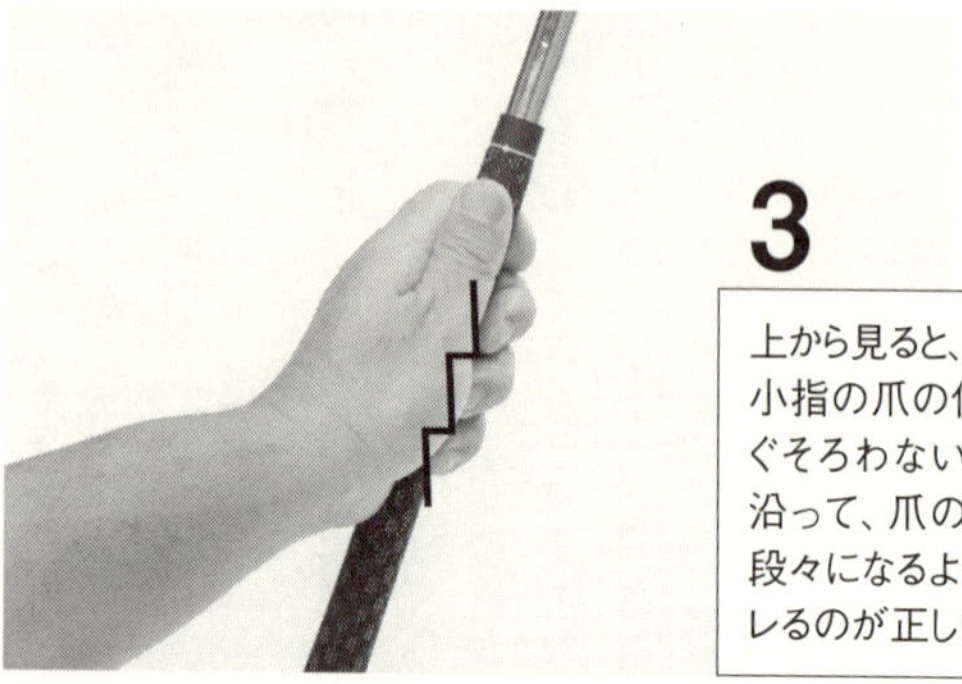

3

上から見ると、中指、薬指、小指の爪の位置はまっすぐそろわない。シャフトに沿って、爪の先が斜めに段々になるよう少しずつズレるのが正しい位置

だ部分である小指球から斜めに抜けていくような感じです。この時点で、シャフトと左手首がつくる角度は決まってしまいます。

左手の残り3本の指（中指、薬指、小指）は、爪を巻きこむようにして「グリップ」に当てます。爪を巻きこむように第一関節も曲げて握ると、指でクラブを握る感覚が強くなります。グリップは、この「指で握る感覚」がとても重要です（図2－4②）。

爪を長く伸ばしているために、第一関節を曲げずに第二関節から伸ばして握っている女性をよく見かけますが、これは力みを生む原因になります。なるべく第一関節も曲げて爪を巻きこむように握りたいので、本当にゴルフが上達したいのであれば、爪が肉に食い込まないようにふだんから爪をカットしておくことをお勧めします。

このとき、中指、薬指、小指の位置関係を上からみると、爪の位置はまっすぐにはそろいません。シャフトに沿って爪の先が斜めに段々になるように少しずつズレているのが正しい配置です（図2－4③）。

左手でこのようにクラブを持つと、「母指球が浮いていると、クラブがグラグラしませんか？」と質問されることがあります。しかし、先述のとおり、母指球はピッタリと「グリップ」に密着させる必要はありません。むしろ母指球でギュッと「グリップ」を押さえ込むと、手首が硬くなってしまう原因になります。

加えて、左腕の前腕部が内旋することでフックグリップにもなりやすいので、注意が必要です。必ず、母指球を「グリップ」に密着させないショートサムで握るようにしてください。

「角材を握る感覚」でクラブを握る

実際にやってみればよくわかりますが、ロングサムは筒状のものをギュッとつかむときの感覚になります。親指を横に伸ばして、手のひらを横切るように当てて、指と手のひらで押さえ込むように「グリップ」を握るため、とても力が入りやすいのです。綱引きでロープを握るときも、自然とこの形で握っているはずです。

一方、ショートサムは角材を握っているような感覚です（図2－5）。角材を手にすると、手のひらでつかもうとはしません。自然と角材の面に沿って指を当てるので、指で握っている感覚になります。この、「指で握っている感覚」が非常に大切なのです。

実際に、一辺が1・5～2㎝程度で、20～30㎝の長さに切った角材を用意して、握ってみるといいでしょう。親指を上、人差し指を下にして角材をつまみ、人差し指の第二関節から、手のひらを斜めに横切っている頭脳線に沿って小指球に抜けていくように持ちます。そして、残り3本の指は第一関節から曲げて爪を巻くようにして角材を持ってみてください。

どうです、指で握っている感覚になりませんか？

2-5

1

ショートサムならではの「指で握っている感覚」を身につけるには、角材を使って感覚をつかむのが有効

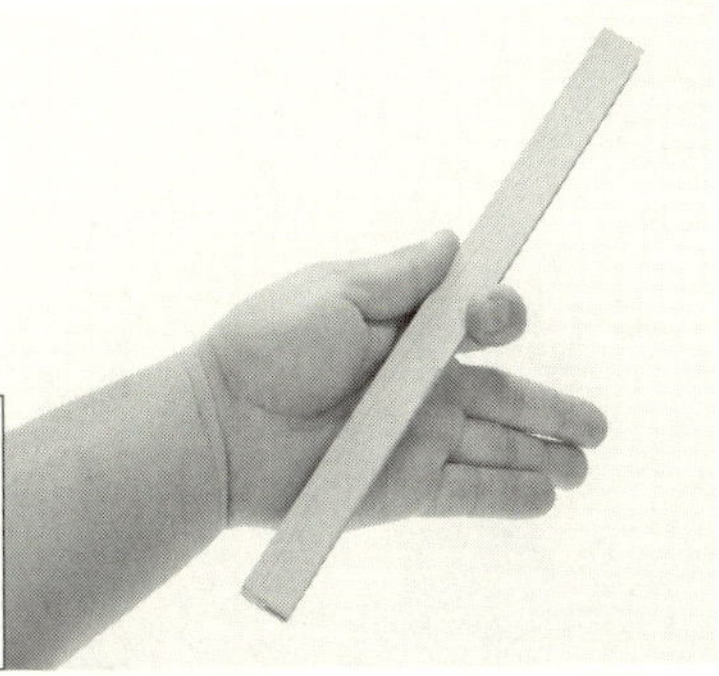

2

人差し指の第二関節から頭脳線に沿って、小指球に抜けていくように持つ。中指、薬指、小指は第一関節から曲げて、爪を巻くように

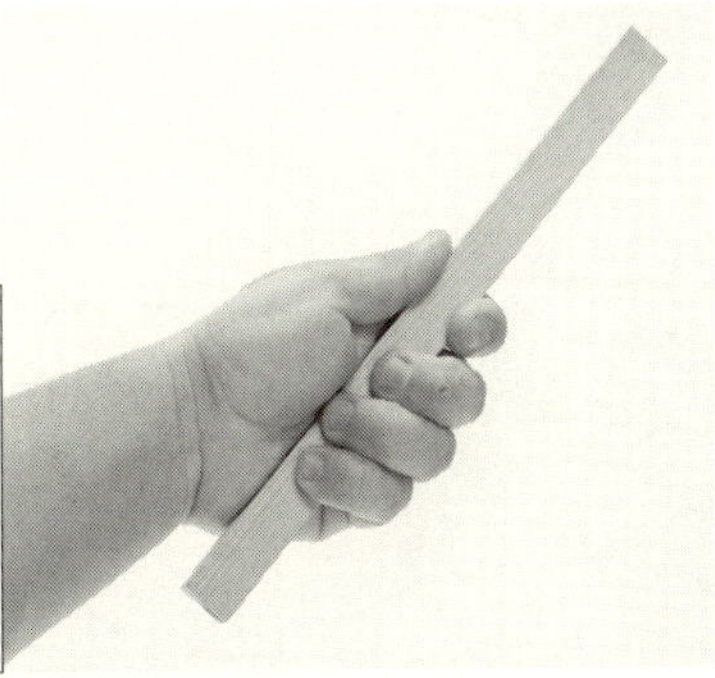

3

ショートサムで握ると、スクエア感が出て、クラブのフェースがどちらを向いているのか把握しやすい

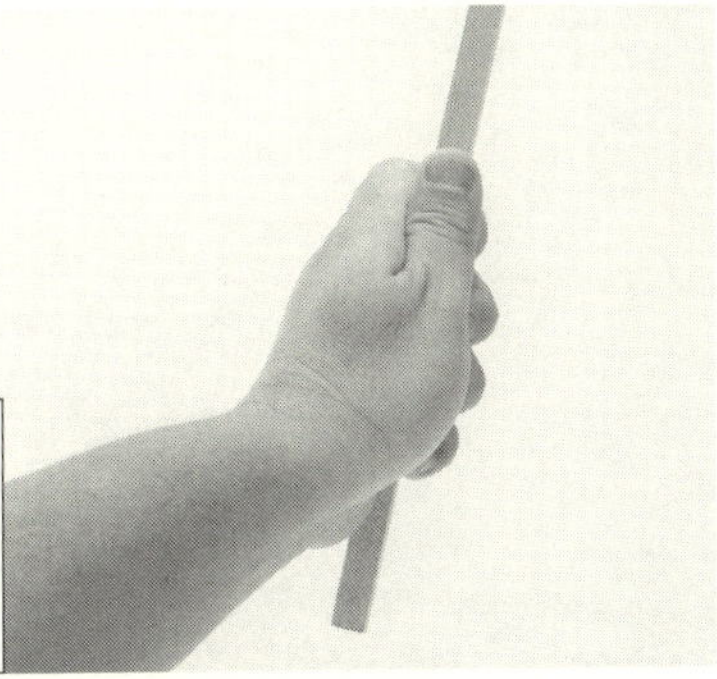

ショートサムで握ると、スクエア感も出しやすくなります。筒状のものを握っている感覚だと、先端についているフェースがどちらを向いているのか、非常にわかりにくいものです。対して、角材を握っている感覚があれば、自然とスクエア感がわいてきます。

繰り返します。いまの世界標準はショートサムです。

「左手の親指はショートサムで握る」。それをしっかり覚えておいてください。

2-2 右手は手のひらを丸めずに握る

右手はどう握る？――ポイントは中指と薬指にあり

右手のグリップに移りましょう。

右手のポイントは、中指と薬指です。中指と薬指をカギ状に曲げ、「グリップ」をフッキングするように握ります。買い物かごを中指と薬指で引っかけてもつようなイメージです（図2-6①、②）。

中指と薬指をカギ状に曲げて「グリップ」をフッキングするように握ると、必然的に小指の握りは浅くなり、第一関節が左手の人差し指の第二関節の下に入る感覚で握ります（図2-6③）。右手小指を左手人差し指の下に入れるインターロッキンググリップでもかまいませんが、右手の中指と薬指は絶対に深く握らないこと。「グリップ」を指の付け根に当て、中指と薬指で巻き込むように握ると、小指も深くかかり、左手の人差し指とほぼ平行になります。

これはゲンコツを握った形です。ゲンコツのような形でものを握ると力が入りやすく、手打ちになりやすいですし、筒状のものを持っている感覚になるので、スクエア感も出ません。先にも指摘したように、フェースがどちらを向いているのかも把握しづらくなります。

2-6

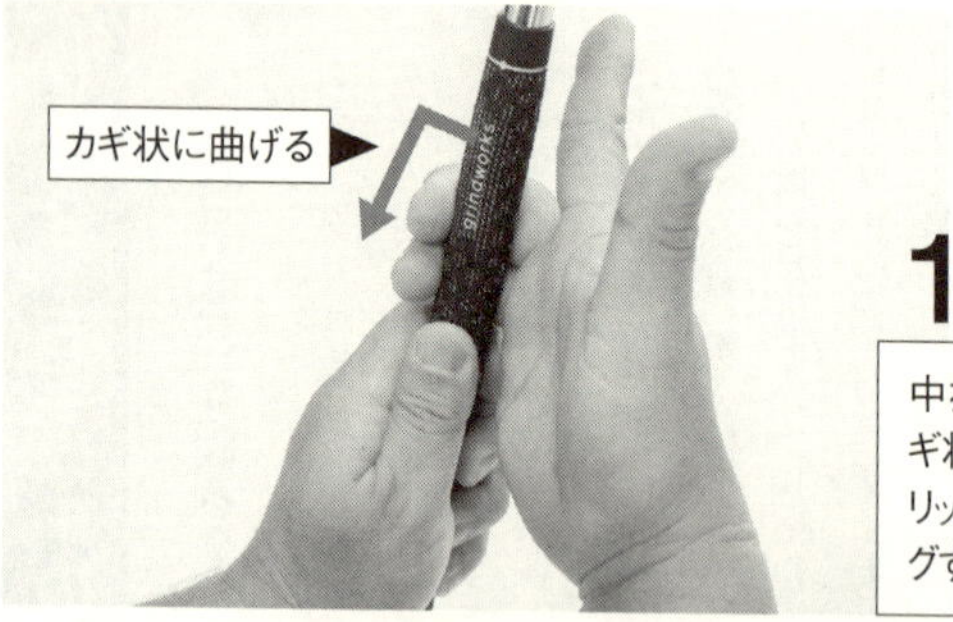

1

中指と薬指をカギ状に曲げ、「グリップ」をフッキングするように握る

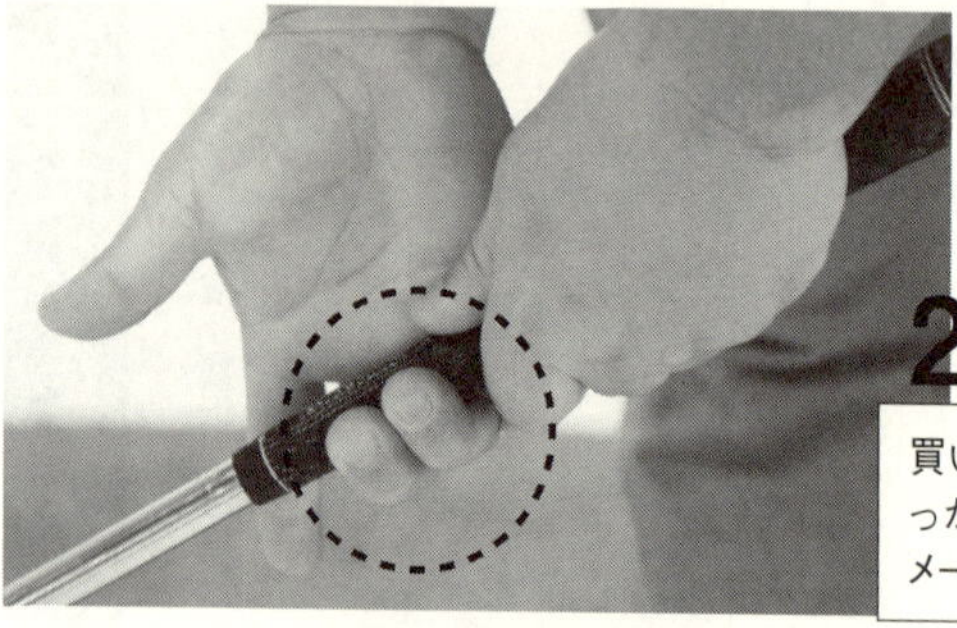

2

買い物かごを引っかけてもつイメージで

3

小指の握りは浅く、第一関節あたりまでが左手の人差し指の第二関節の下側にかかるように

対照的に、中指と薬指をカギ状に曲げて「グリップ」をフッキングするように握ると、左手と同じように角材を握っているような感覚になり、スクエア感も出ます。

強いていえば、10本の指のなかで、この右手と左手の中指と薬指のフッキングが最もしっかりするようにグリップします。中指と薬指のフッキングの形がしっかりキープできていると、自然と両脇も締まります。逆に、この４本の指で「グリップ」をわしづかみにしてしまうと、両ひじが外側に向き、両脇が開いてしまいます。中指と薬指でしっかりと「グリップ」をフッキングし、あとの６本の指はリラックスしていることが大切です。

右手の親指は「グリップ」を斜めに横切るようにかけて、人差し指はいったん外側に反らせてからピストルの引き鉄《がね》を引くようにカギ状に曲げます（図２－７）。この状態で、人差し指と親指のあいだのV字になっている部分を軽く締めてください。ここの締めが甘いと、クラブがグラグラしてしまいます。

これでグリップは完成です。右手の親指と人差し指のあいだと人差し指と中指のあいだは、少しだけ隙間が空いてもかまいませんが、それ以外の指と指のあいだはすべて密着し、どこにも隙間が空かないように注意しましょう。

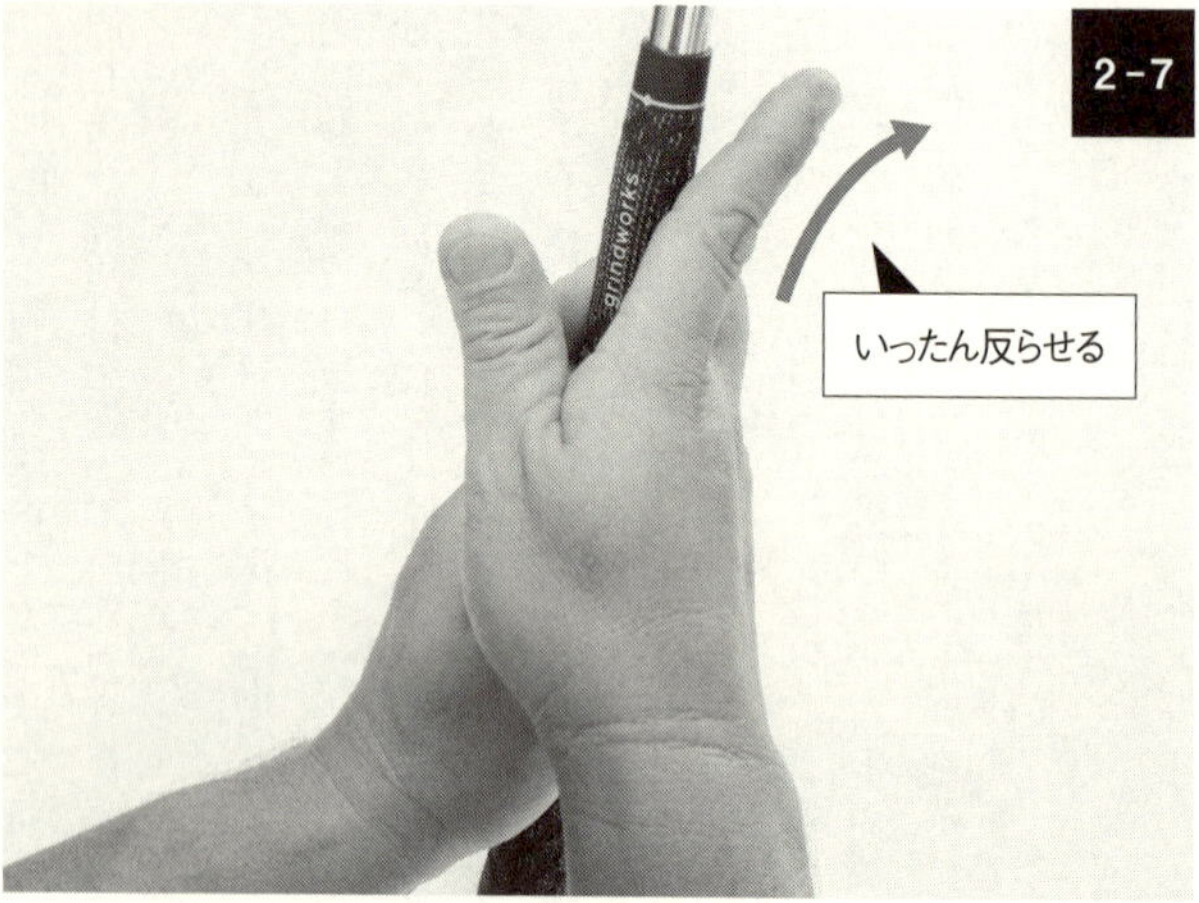

右手の親指は「グリップ」を斜めに横切るようにかけ、人差し指をいったん外側に反らせる

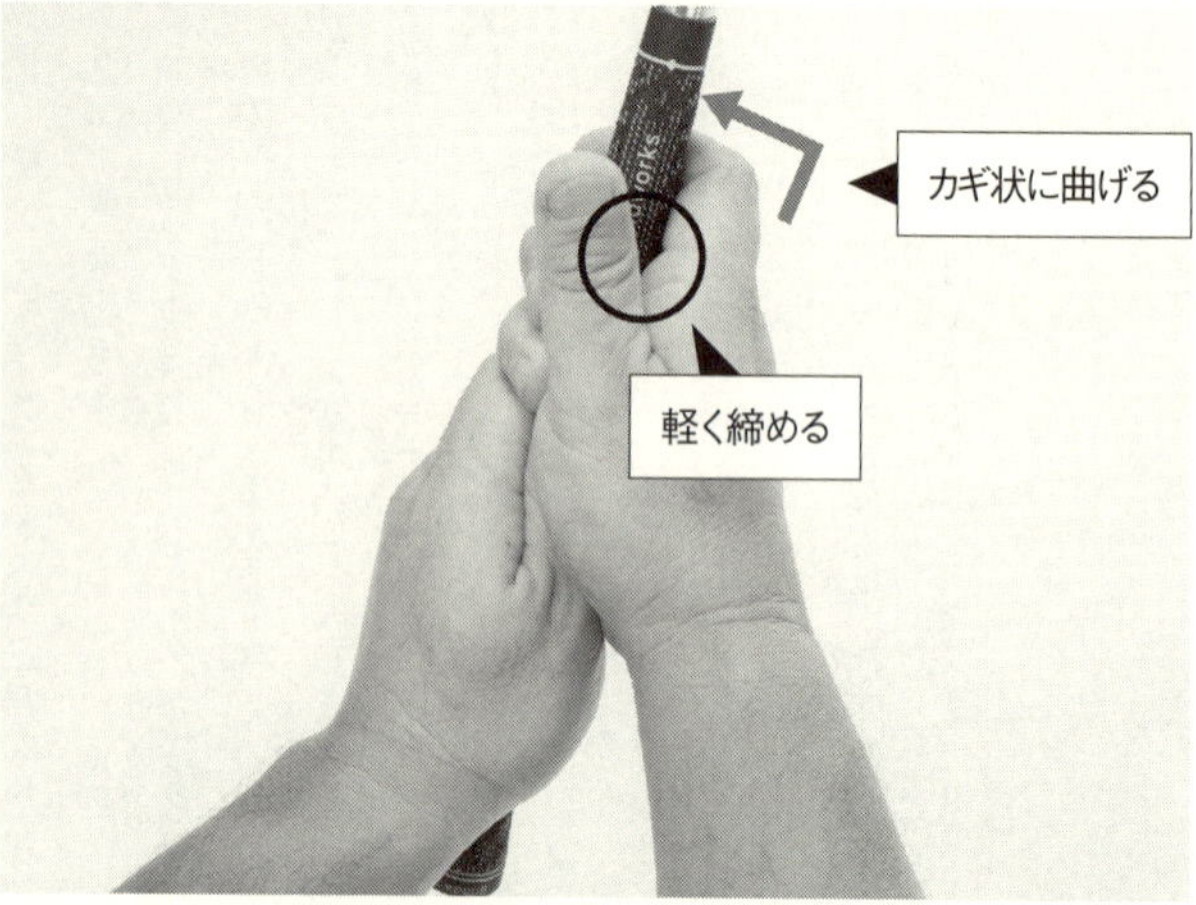

右手の人差し指をピストルの引き鉄を引くようにカギ状に曲げる。クラブがグラつかないよう、人差し指と親指のあいだのV字になった部分を軽く締める

「すくい打ち」を防ぐ法

こんどは、グリップを裏側から見てみましょう。

裏側から見える８本の指がつくる面が平らではなく、山切りカットのように段々になっていれば合格です（図２－８①）。丸いものを握る感覚で「グリップ」をわしづかみしてしまうと、この面が平らになってしまいます。柔らかいフィンガーグリップで握ることができれば、指の高さが少しずつズレて段々になるのでチェックしてみるといいでしょう。

右手の感覚で大切なのは、手のひらが丸まらずに、指だけが曲がっていることです。右手の指は「グリップ」に絡めて、手のひらを立てて握ります（図２－８②）。

「グリップ」を手のひらに当てずに指だけで握り、手のひらが立っていると、ハンドファーストの状態でインパクトすることができます。ダウンスイングで右ひじを柔らかく使ってひじが先行すると、右手首はその反射で甲側に背屈します。そのままインパクトすれば、黙っていてもハンドファーストになるのです。

ところが、筒状のものを握る感覚でクラブをわしづかみにしてしまうと、右手首は逆に手のひら側に曲がり、インパクトではグリップよりもヘッドが先行してしまいます。これではすくい打ちになってしまい、ボールを圧縮するようなハンドファーストでのインパクトができません。ボ

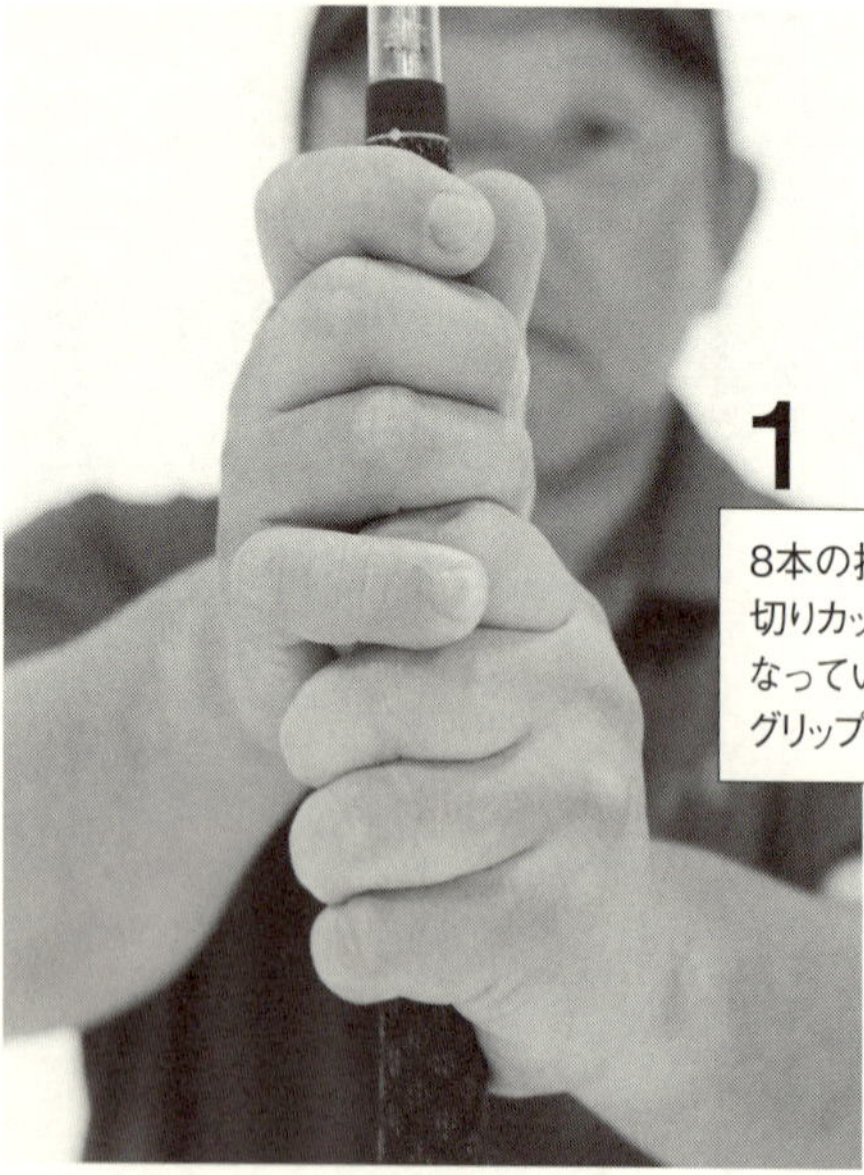

1

8本の指がつくる面が「山切りカット」のように段々になっていれば世界標準のグリップの完成

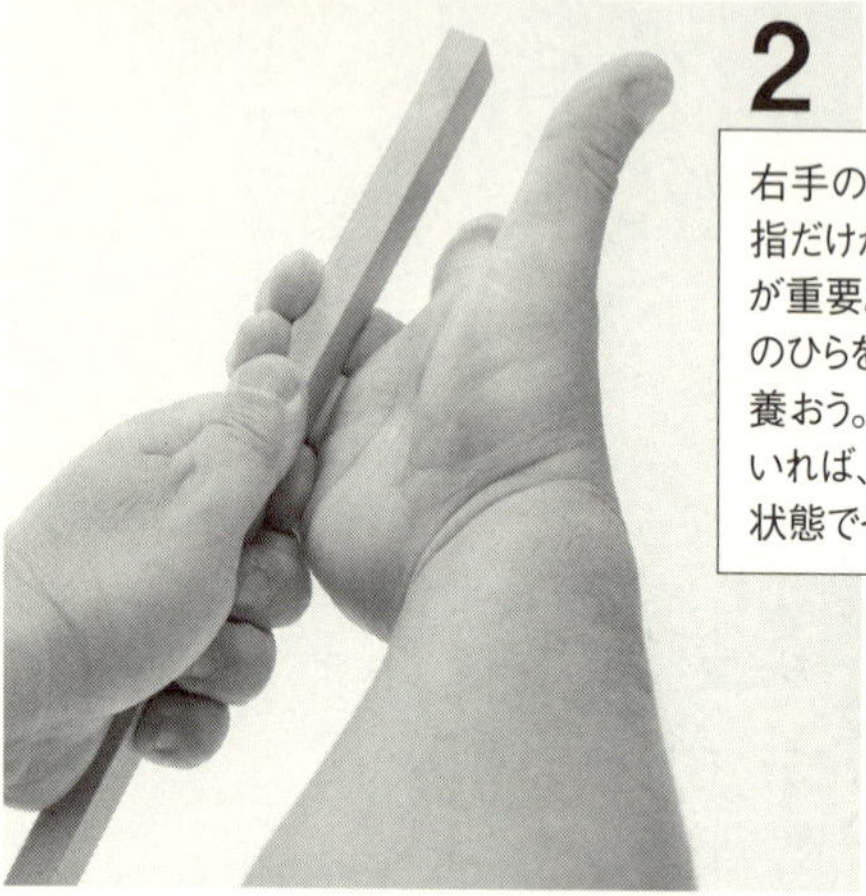

2

右手のひらが丸まらずに、指だけが曲がっていることが重要。角材を使って、手のひらを立てて握る感覚を養おう。手のひらが立っていれば、ハンドファーストの状態でインパクトできるールの慣性に負けてしまい、力強い球が打てなくなります。

日本人ゴルファーの99％が、このような誤ったスイングをしています。インパクトでロフトが立たず、逆にロフト過多になっている人がほとんどですが、その原因は、グリップに影響されているのです。正しいグリップをしないと、ハンドファーストのインパクトは実現できません。ぜひ「指で握る」正しいグリップを覚えてください。

時代遅れのグリップから脱出しよう――30年前に変わった常識

最後に、もう一度復習しておきます。

まず、左手人差し指と親指の腹でつまむようにクラブを持ちます。その後、中指、薬指、小指の3本を第一関節から曲げて爪を巻きこむように握ります。

右手はまず、中指と薬指の2本でクラブをフッキング。小指を浅くかけたら、右手親指の母指球を左手親指の外側の反った部分に柔らかく当てます。

最後に、右手親指を斜めに「グリップ」に当て、いったん人差し指を外側に反らせてからピストルの引き鉄を引くような形に曲げ、指のあいだのV字の部分を軽く締めたら完成です。

よく、「左手の小指、薬指、中指の3本をしっかり握りなさい」と教えている人がいますが、もはや時代遅れのグリップです。

確かに20～30年前には、「左手の3本は爪の色が白く変わるくらいまで強く握れ」といわれたことがありました。それは、クラブをすっぽ抜けさせないことが前提でした。

いま私が追求しているのは、クラブが「すっぽ抜ける」グリップです。スイング中、どこでクラブを離しても、クラブが遠心力を受けている方向にまっすぐ飛んでいくグリップ。それが、「すっぽ抜ける」グリップです。

現在の世界の流れは、いかにクラブを柔らかく握るかという点に注がれています。トッププロを含むすべてのゴルファーが、そのことを追い求めています。「左手の3本指をギュッと握れ」などと教えているコーチは、日本を除けば一人もいません。

もう一度、強調しておきます。

「すっぽ抜ける」グリップが、現在の世界標準です。クラブの遠心力を使って、身体の回転で飛ばすスイングには、「すっぽ抜ける」グリップが欠かせません。みなさんもぜひ、この「すっぽ抜ける」グリップを体得してください。

世界標準のアドレス

——スイングの土台をつくる重要プロセス

第3章

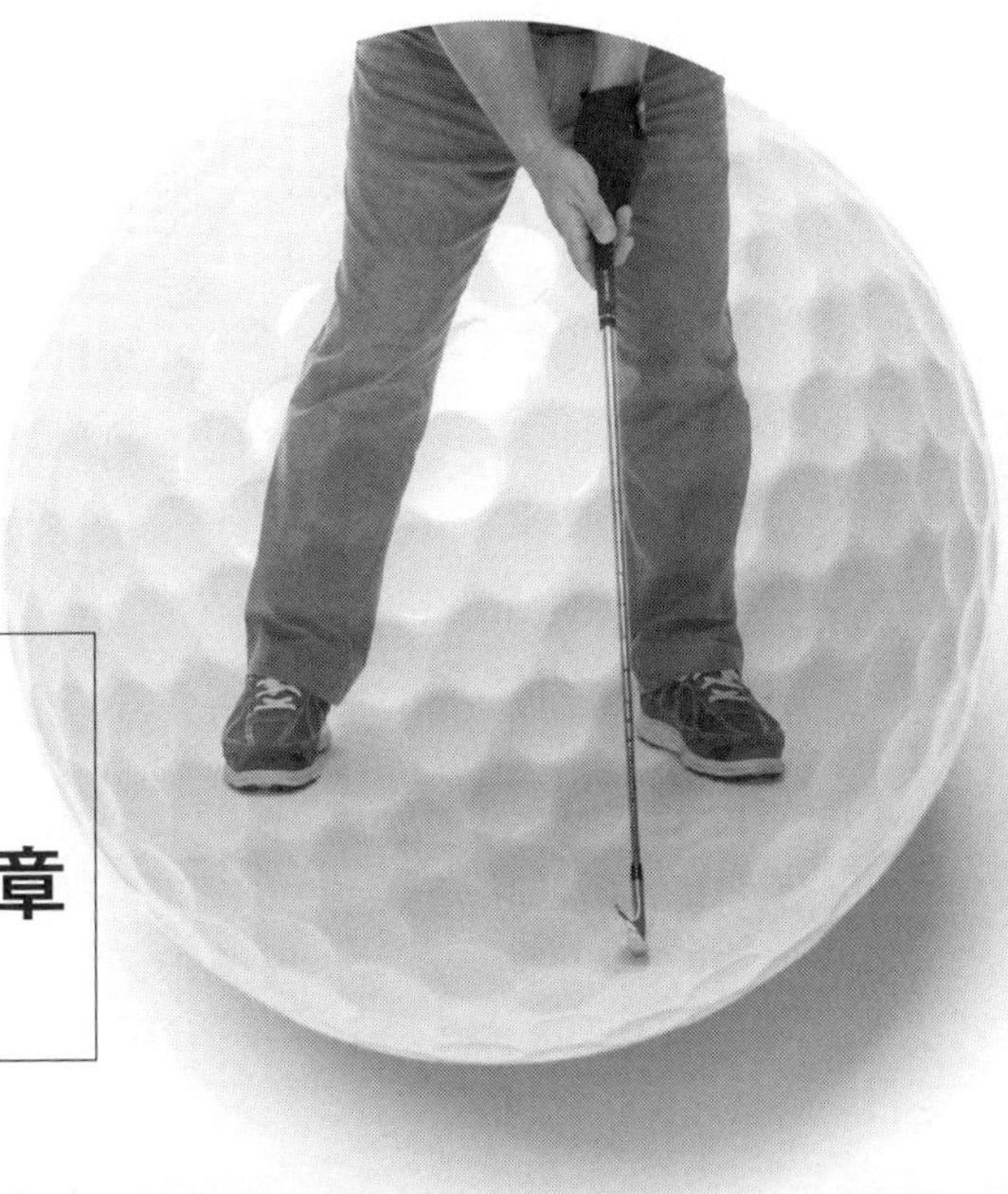

3-1 アドレスは「身体をねじる土台」である

第2章では、世界標準のグリップとして、「すっぽ抜ける」くらい柔らかく握るグリップをご紹介しました。では、そのグリップで、いったいどのようにスイングすればいいのか？

この第3章からは、世界標準のスイング理論をアドレスからフィニッシュまでの各段階に分けて、詳しく解説していきます。各段階ごとの身体の動きをイメージしながら読み進めてください。なお、具体的なトレーニング法は、章をあらためて最後に紹介します。

両足で地面をつかめ！

ゴルフスイングにおけるアドレスとはなんでしょうか？

答えは、「身体をねじる土台」です。

両足で地面をつかみ、大地からのパワーをしっかりと受け止めて、身体をねじる。ゴルフスイングに不可欠な捻転を生む土台となるのがアドレスです。

日本で教えるアドレスではよく、ポスチャー＝姿勢を最重要視しますが、G1メソッドでは優先順位が違います。私がいちばん大事だと考えるのは、足の裏でしっかりと地面をつかむことです。地面をしっかりつかむことを、歯を食いしばって嚙《か》みしめることになぞらえて「バイト（嚙む)」といいます。

両足の指で大地をわしづかみにします。足指の第二関節まで曲げてグッと大地を押さえ、かかとにもしっかり力を入れます。地面をしっかりつかむために、私は、かかとにも力が入りやすいインソールを靴底に敷いています。それくらい、両足でしっかりと大地をつかむことは大事なのです。

よく見かけるのは、背筋を伸ばし、お尻を高く上げようとして〝反《そ》り腰〟になっている人です。反り腰で構えてしまうと、足の指が地面から浮く「浮き指」の状態になってしまいます。これでは、足の裏に力が入りません。

では、足の裏でしっかりと大地をつかむためにはどんなアドレスをすればいいのでしょうか。それには、ちょっとしたコツがあります。本章でそのコツを説明しますので、ぜひトライしてみてください。

地面を「噛む」感覚を養うトレーニング

まず、右ひざを曲げて地面につけ、左ひざは立てて、背筋をまっすぐに伸ばして腹筋も上下に伸ばします（図３－１①）。このとき、右ひざ、左ひざともに、90度になるようにしてください。この状態から、おへそを斜め上に引き上げ、お尻の穴を締めて下げながら、右ひざで地面を真下に押します。解剖学的には、恥骨を上げる動きになります。そうすると、右足の付け根の鼠《そ》蹊部《けいぶ》が伸びてお尻が硬くなる感覚がわかると思います。そのとき、下腹部と腰背部でお腹をキュッと締めることで腹圧がかかります。まずはそれを実感してください（図3－1②）。

次に、こんどは立ちあがった姿勢で、恥骨を上に上げたら、両ひざを伸ばして足全体で地面を20秒間、真下に押してみましょう。お尻の穴と尿道をキュッと締めることを意識するとお尻が固まりますので、軽く腹圧をかけてやることがポイントです。この状態で両足の付け根から前傾していき、両肩がつま先の位置まで来て、両腕が肩の真下にダランと垂れ下がるところで止まります。このとき、身体の側面から見ると、背中のラインとお腹のラインは、反りもせず出っ張りもせず、まっすぐなラインになっているはずです。

どうです？　足の指全体でしっかりと地面をつかんでいる感じがしませんか？

ひざをどれだけ曲げたらいいのかは、ジャンプをしてみればすぐにわかります。両足をスタンス幅に開き、真上にジャンプしてから着地すると、自然と両足の付け根に体重が乗ります。そのときのひざの曲げ具合が、あなたにとってのベストポジションです。

初心者でもすぐに実感できますので、ぜひやってみてください。ものすごい力で地面をつかんでいる感覚がわかるはずです。このアドレスができると、足の裏で地面をしっかりとバイトして十分に体をねじることができ、雑巾を絞ったようなバックスイングができるようになります。

3-1

1

右ひざを曲げて地面につけ、左ひざは立てて、背筋をまっすぐに伸ばす

2

おへそを斜め上に引き上げ、お尻の穴を締めて下げながら、右ひざで地面を真下に押す。

右足の付け根の鼠蹊部が伸びて、お尻が硬くなる感覚が生じたら、下腹部と腰背部でお腹を締めて腹圧をかける

3-2 「脇を締める」の勘違い――脇のどこを締めていますか？

上半身の正しい使い方は？

これで「土台」は完成しました。

つづいて、クラブをスムーズに動かすための上半身のポジションを解説しましょう。

よくいわれるように、「脇を締める」ことは大切です。両脇が締まると、クラブが身体の正面にある状態をしっかりとキープすることができます。脇が開くと、腕と身体のバランスがバラバラになってしまうため、両脇はやはり締めなくてはいけません。

ただし、多くの人は、その「締め方」を勘違いしています。両腕を前方に出し、両ひじを寄せて脇の「前側」を締めようとするのです。脇の「前側」を締めようとすると、両肩が前方に出て、両ひじもロックされてしまいます。こうなるとクラブの重さは感じられず、身体も回らないため、結局、手でクラブを持ち上げることになります。これでは、雑巾を絞ったようなねじりの利いたバックスイングはできません。

G1メソッドで締まりを意識するのは、脇の前側ではなく、「後ろ側」です。両脇の後ろ側を締める意識でアドレスしています。実際にやってみましょう。

3-2

手のひらを正面に向けて両腕を頭上に伸ばし、胸を張る

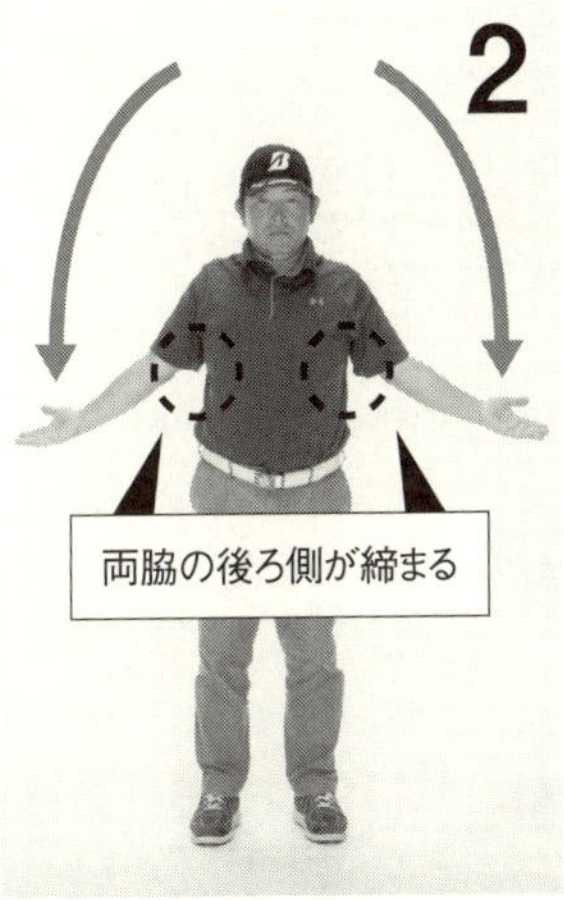

手のひらを上に向けながら両腕を大きく横に開いていくと、両脇の後ろ側が締まった感覚がわかる

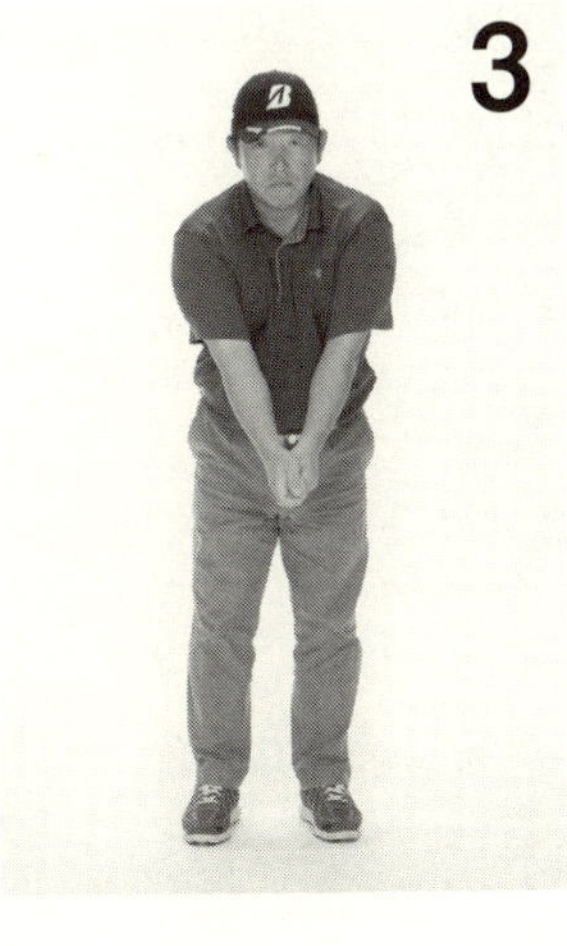

両ひじを身体に寄せて前腕の内側が前方を向いたポジションで、両手を合わせてグリップする

まず相撲の土俵入りで横綱が柏手《かしわで》を打つときのように、手のひらを正面に向けて両腕を頭上に伸ばしたら、そこからグッと胸を張って、手のひらを徐々に上に向けながら両腕を大きく横に開いていきます。両手が腰の高さまで下りてきた時点で、両脇の後ろ側が締まった感覚がわかるはずです。同時に、肩甲骨も少し内側に入ってきます（図３－２）。

こんどは、その状態から両ひじを身体に寄せてきて、前腕の内側が前方を向いたら、このポジションで両手を合わせてグリップします。上半身の形が決まったら、先述した正しい「土台」の姿勢になってください。

そうすると、両脇の後ろ側が軽く締まり、胸も起きて張りを感じませんか。お腹の中央にある腹直筋がすっきりと上下に伸びて、下腹部に腹圧がかかると同時に、あごも高い位置に収まって、軽く締めることができます。これが、正しい上半身のポジションです。

オーストラリア出身のカリー・ウェブの柔らかいアドレスが参考になります。ユーチューブの動画などで、ぜひご覧になってください。

肩甲骨まわりをいかに使うか

正しいアドレスができると、顔を動かさなくても、視線を動かすだけで、足元のボールも、正面方向（胸側）の20ｍ先も、直視できます。顔のポジションは、そのような角度が理想です（図

3-3

理想的な顔のポジション。視線を動かすだけで、足元のボールも、正面方向の20m先も、直視できる

ボールを見ようと頭を下げすぎると猫背になってしまう。絶対にNG

3－3上）。

ボールを見ようとして頭を下げすぎ、猫背になってはいけません（図3－3下）。顔は必ず斜め前を向き、ボールの位置から20ｍ先まで、視線を変えるだけで確認できるようにしましょう。

脇の後ろ側が締まると、スイング中に右腕と左腕の長さも変わりません。腕の長さが変わらなければ、両ひじをつねに身体の正面にキープできるので、ゴルフスイングにとって理想的な状態が保てます。

どういうことか説明しましょう。

まず、両腕を伸ばして「前へならえ」の格好をしたら、両肩を背中側に少しだけ引いてみてください。これが、先ほど説明した脇の後ろ側が締まった状態です。この状態で両手を合わせ、両腕を身体の正面にキープしたまま、右に90度、上体を回します。

どうですか。両手のひらがピッタリと重なったまま、回っていませんか（図3－4上）。

こんどは、同じ「前へならえ」の体勢から両肩を前に出し、両ひじの間隔を狭めてみてください。そうすると、両脇の前側が締まります。そして、先ほどと同じように両手を合わせたまま右に90度、上体を回転すると、徐々に合わせた手のひらがズレていき、90度回ったときには右手のほうがかなり長くなっているはずです（図3－4下）。その右手の長さが余っているぶん、トップで右ひじを背中側に引いてしまう原因になります。

3-4

○

脇の後ろ側が締まった状態の「前へならえ」から、両腕を身体の正面にキープしたまま、右に90度回しても、両手のひらはピッタリと重なったまま

×

両脇の前側が締まった状態の「前へならえ」から、右に90度回転すると、右手がかなり長く出てしまう。右手の長さが余っているぶん、トップで右ひじを背中側に引いてしまう原因になる

両脇の後ろ側を締めたときに腕の長さが変わらないのは、肩甲骨の位置がしっかりとキープされているからです。先述のとおり、両脇の後ろ側を締めると、同時に肩甲骨が少し中に入って背骨（身体の中央）に寄ってきます。脇の後ろ側を締めると、上体を回転してもこの肩甲骨の位置がキープされるため、腕の長さが変わらないのです。

一方、両肩を前に出して両脇の前側を締めたときは、肩甲骨が開き、横に広がった状態になっています。そのため、上体を回転させたときに肩甲骨のポジションが変わり、右腕のほうが長くなってしまうのです。

英語では、肩甲骨を「スキャプラ（Scapula）」、肩甲骨を含む背中の部位である肩甲部を「スキャプラー・リージョン（Scapular Region）」とよびます。そして、肩甲骨（スキャプラ）の位置をしっかりキープしたうえで、肩甲部（スキャプラー・リージョン）をコントロールすることが、いま、あらゆるスポーツの常識になっています。

チューブなどを使って肩甲骨まわりのインナーマッスルを鍛えるのも、そのためにほかなりません。海外のスポーツ界でいま、非常に注目されている分野の一つでもあります。

理想は「逆Kの字」形

最後に、正面から見て、両肩、両ひじ、グリップ、腰などの正しいポジションを確認しておき

3－5

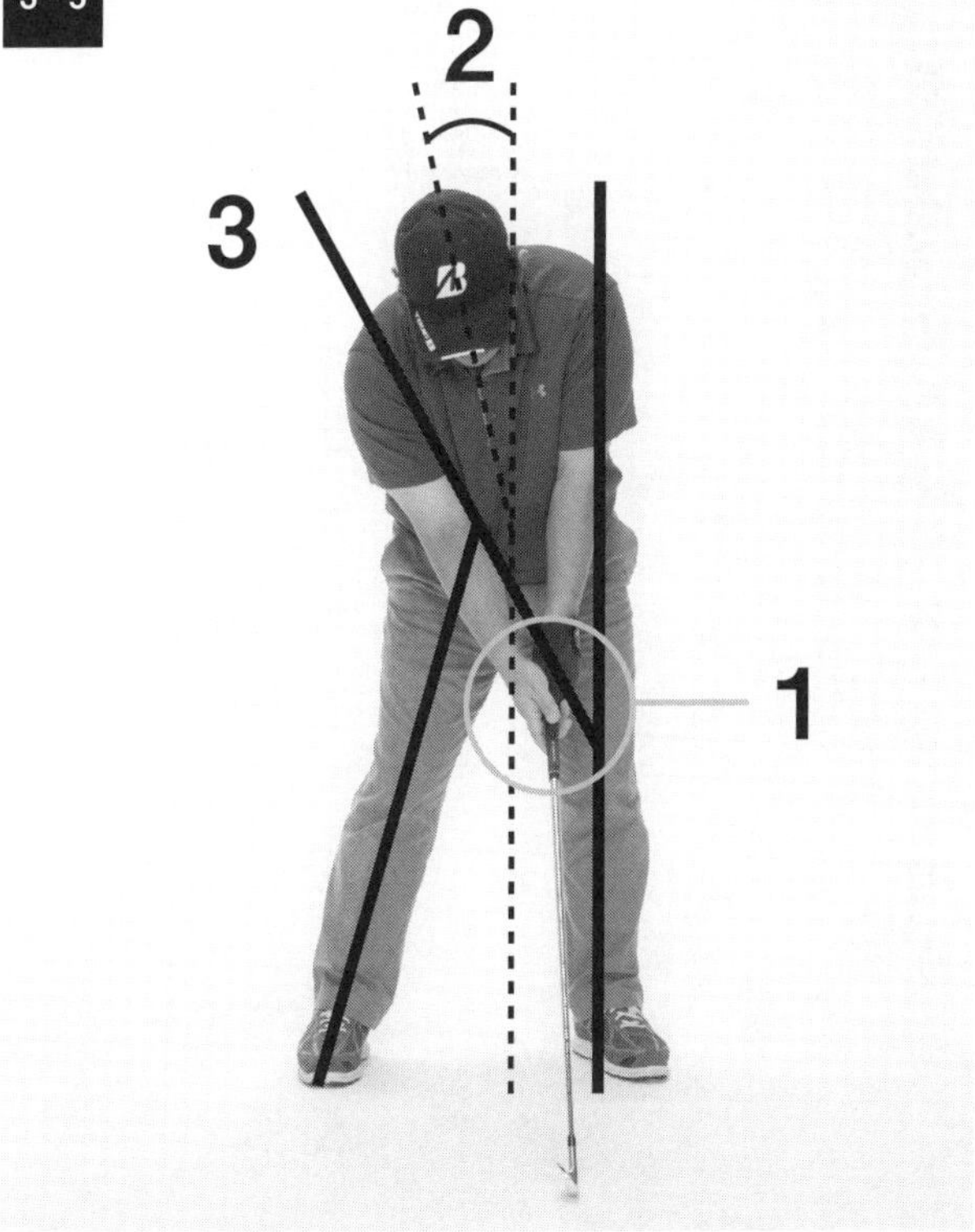

1 ドライバーからウェッジまで、どのクラブも、グリップとシャフトは、左太もも内側の正面で構える

2 背骨は、アイアンで5～ 10度、ドライバーなら10 ～ 15度程度、右側に傾く

3 バックスイングしたときに最も右に体重を乗せやすい「逆Kの字」形のアドレス。左足に体重が乗っているように見えるが、実際には左右両足に等分の体重配分になっている

ましょう。

正面から見ると、左肩よりも右肩の位置が低くなります（図3-5）。グリップは右手が下なので、右肩が下がるのは当然です。

ドライバーからウェッジまで、どのクラブを手にしたときも、グリップとシャフトは、左太もも内側の正面で構えてください。こうすると、右ひじが身体の前に入ってきます。グリップは右手が下方にくるので、背骨は右側に傾きます。アイアンで5～10度、ドライバーなら10～15度ぐらい傾くのが正解です。

そうすると、右の腰が少し押し込まれて、右足の土踏まず内側の垂線上まで移動します。それにともなって、左腰はベルトを持ち上げられたように右腰よりも少し高くなります。この形は、身体の正面（胸側）から見ると「逆Kの字」になっています。

この「逆Kの字」の形が、バックスイングをしたときに最も右に体重を乗せやすいアドレスです。「逆Kの字」形のアドレスは、一見すると、左足に体重が乗っているように見えますが、実際には左右両足にフィフティ・フィフティの体重配分です。頭が右側に倒れてバランスをとっているため、体重計に乗ると、ちゃんと5対5の体重配分になっていることがわかります。

飛球線後方から姿勢をチェック――スマホで撮影してみよう

もう一度、おさらいをしておきます。

まず、まっすぐに立ったら、両脇の後ろ側を締めて胸を開き、肩甲骨が中に入るのを感じながらグリップをします。上半身はその姿勢を保ったまま、おへそを斜め上に向け、お尻を少しだけ下げたら、太ももの付け根から前傾。そして、両肩がつま先の真上に来て、両腕が肩の下にダランと垂れ下がったら、基本姿勢はＯＫです。

あとは、グリップとシャフトを左足内ももの正面にセット。背骨を右側に傾けて、右腰を右足土踏まず内側の垂線上まで押し込み、左腰をやや持ち上げます。これで、世界標準のアドレスの完成です。身体の正面から見ると、「逆Ｋの字」の形に見えます。

このとき、身体の側面を飛球線の後方から見ると、脇の下とひざ頭、足の母趾球《ぼしきゅう》が地面の垂直線上に位置します（図３－６）。飛球線後方から見て、この「脇の下―ひざ―母趾球」を結んだラインが右側に傾いていたら前傾しすぎ、左側に傾いていたらかかと側に体重が残っている証拠です。スマホなどで撮影して、ご自身のアドレス姿勢をぜひチェックしてください。

さぁこれで、グリップとアドレスが完成しました。

次章では、実際にボールを打つまでの手順について、解説したいと思います。

3-6
スマホなどで写真を
撮ってチェックしよう

飛球線の後方から見て、脇の下とひざ頭、足の母趾球が地面の垂直線上に位置する。このラインが右側に傾いていたら前傾しすぎ、左側に傾いていたら後傾しすぎ

第4章

世界標準のアライメント

――スイングに影響を及ぼす重要ポイント

4-1 打球の精度は「打つ前」に決まる

ボールの後方からまっすぐ歩いてアドレスしていませんか？ —— 打つ前に間違えています

ゴルフでは、ターゲット方向に対して身体の向きを合わせることを「アライメント」とよびます。

せっかくいいアドレスができても、アライメントが間違っていたら、スイングに悪影響を及ぼします。正しいスイングをしても、目標からボールの飛ぶ方向がズレてしまうため、知らず知らずのうちに手や身体の動きで調整するようになってしまうからです。

アライメントの基本は、両肩、両腰、両ひざ、両足のかかとを結んだラインが、それぞれ飛球線（ターゲットとボールを結んだ線）と平行になるように構えることです（図4-1）。

ところが、実際には、ほとんどの人がターゲットよりも右を向いて構えています。その最大の理由は、飛球線の後方からボールに対して直線的に近づき、アドレスをしてしまうからです。右利きの人は、右目が利き目の人が多いので、このアドレスへの入り方をすると、たいてい右を向いてしまいます。

実際にボールを打つ前にすでに間違いを犯しているわけですから、これほどもったいないこと

4－1

1

ターゲットとボールを結ぶ飛球線と平行になるように構えていますか？　クラブなどを使って、正確なアライメントになっているか確認しよう

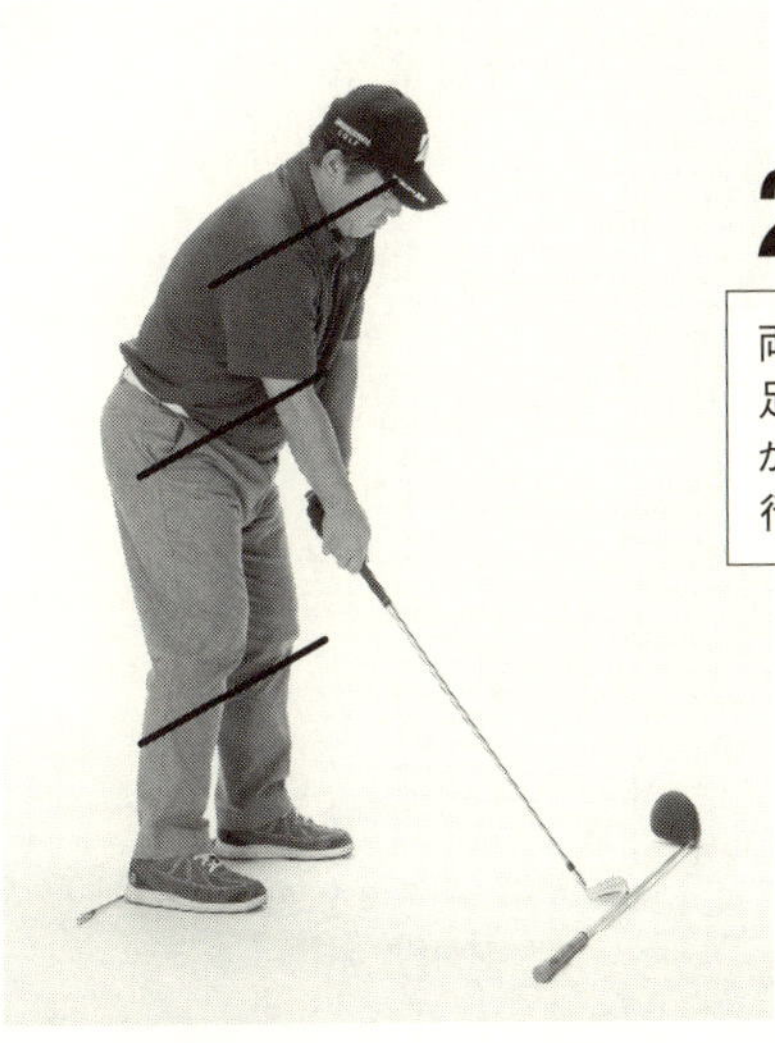

2

両肩、両腰、両ひざ、両足のかかとを結んだラインが、それぞれ飛球線と平行になっているかチェック

はありません。これを防ぐには、次のようなルーティンワークを採り入れましょう。

ボールには左から回り込んで近づく

まず、ボールから3〜4歩後ろの飛球線上に立ち、ターゲットを確認したら、直線的にボールに近づくのではなく、左側に回り込みます（図4-2）。このとき、ターゲットとボールを結ぶ飛球線上を見ながら歩いて、ボールの1mほど先に落ち葉などのスパットを見つけます。そのスパットとボールを結んだ線にクラブのフェースを直角に合わせながら、目、肩、腰、ひざのラインを飛球線に平行に合わせる準備をします。

両手でクラブを胸の前で立ててもち（これをクレイダルポジションとよびます）、ボールの後方に回り込んだら、ボールの位置で飛球線と直交するボールライン上に右足を半歩前に出して、まず右足の位置を決めます。このとき、右足の向きは飛球線と直角です。そして、股関節の付け根から上体を30度前傾させ、右ひざに体重を乗せていき、胸の高さからクラブヘッドをボールの後ろにポンと勢いよく落とします。

ボールの後ろにクラブヘッドをポンと落とす動作は、全盛期のタイガー・ウッズもやっていました。この動作をおこなうと、剣道の手合わせのようで、スクエア感が得られます。

次に、左足を半歩前に出していったん両足をそろえた後、右足はやや大きく、左足は小さめ

4-2

1

ボールから3〜4歩後ろの飛球線上に立ち、ターゲットを確認。直線的ではなく、左側に回り込みながらボールに近づく

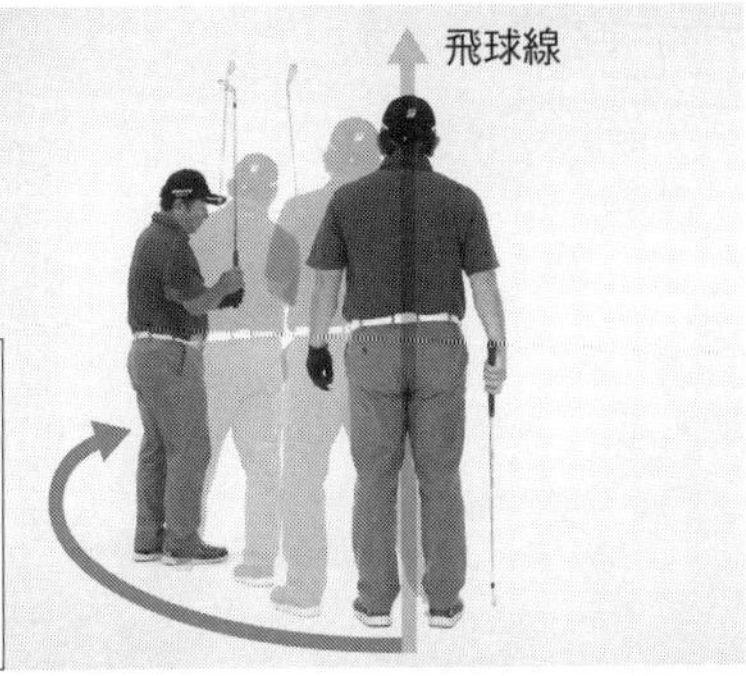

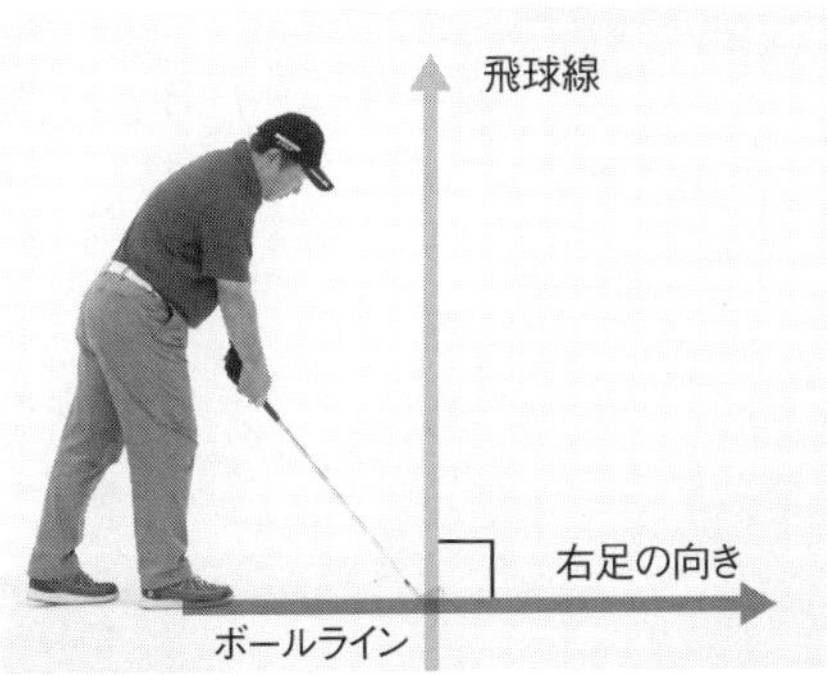

2

右足を半歩前に出して、先に右足の位置を決める

股関節の付け根から上体を前傾させ、おじぎをするように右ひざに体重を乗せていく

3

①左足を半歩前に出していったん両足をそろえた後、②右足はやや大きく、左足は小さめに、真横に開く。ほとんどのトッププロが実践している、世界標準のルーティンワークだ

に、真横に開きます。これで、飛球線と平行にアライメントをとることができます。肩のラインも、この一連の動作をおこなうなかで、しっかりと飛球線と平行に構えることができます。

このルーティンワークは、実際にほとんどのトッププロが実践していることです。グレッグ・ノーマンや片山晋呉選手のボールへの入り方を見てください。必ずボールの後ろから左側に回り込んでアドレスしています。

ポイントは、必ずボールの左側から回り込んでアドレスすること。

これが、世界標準のアライメントのとり方です。

４-２ 世界標準のワッグル──静から動へのスムーズな移行をつくる

スイングを楽にするためのルーティンワーク

前述のとおり、最初にターゲットを確認する位置は、ボールから3～4歩後ろの飛球線上が基本です。

そこから1mほど左側に回り込み、あるポイントまで来たら右足を半歩前に出すわけですが、その右足を前に出すところまでの距離感は練習しないとつかめません。意外に思われるかもしれませんが、世界標準のスイングを身につけるには、ボールを打つ練習だけではなく、ボールを打つ前の動作も、繰り返し練習する必要があるのです。

両足のポジションが決まったら、アドレスは完成です。

私の場合は、そこから少し両ひじを持ち上げて、スイングの予備動作であるワッグルをおこない、もう一度クラブヘッドをポンと地面に置いたら、すぐにスイングをスタートさせます。ここまでの動作をルーティンワークとして身体で覚えてしまうと、あとはスイングに集中することができ、本当に楽です。

ワッグルはなぜ重要なのか

「ゴルフスイングは『ゆらぎモーション』である」と、私は考えています。

人差し指と親指で鉛筆の端を持ち、左右に振ってみてください。鉛筆をつまむように軽く握り、腕の力を抜いてしなやかに振ると、鉛筆がしなっているように見えませんか？

その腕の使い方が「ゆらぎモーション」です。鉛筆を強く握って手元を動かしたのでは、鉛筆は決してしなっては見えません。

ゴルフでも、このようなしなり感をからだ全体で感じながら、スイングしたいのです。このゆらぎが感じられると、シャフトが硬いクラブを振っても、フニャフニャに曲がっているように感じます。

誤解しないでいただきたいのは、しなりといっても「クラブだけをしならせる」のとはまったく異なるということです。からだ全体をしならせることで「ゆらぎモーション」を生み出し、柔らかくスイングしたいと考えているのです。

ゆらぎを感じるためには、身体の動きを止めることは厳禁です。G1メソッドは、つねに身体のどこかが動いていて、一度も止まることがありません。リラックスして身体のしなりを感じながらたえず動いています。

ポンとクラブヘッドを地面に置いたら、「あれっ、いつバックスイングしたんだろう?」と思うくらい、スッとスイングが始まっている。そういう感覚が理想的なのです。

そして、そのために必要不可欠なのがワッグルです。

私は、急に大きな筋肉を使うことを「ビックリ筋を使う」と表現しているのですが、ワッグルをせずに静止した状態からスイングを始める人は、必ずビックリ筋を使ってしまいます。大きな筋肉を急に使うと軸が非常にブレやすいので、ワッグルが大切になるのです。

スイングの予備動作であるワッグルには、いろいろなやり方があります。ヘッドを小刻みに動かす人もいれば、大きく1～2回動かす人もいますし、足踏みをする人もいます。そのやり方は、本当に人それぞれといっていいでしょう。いずれにしても、身体をリラックスさせ、静から動へスムーズに移行することがその目的です。

ワッグルでからだ全体にしなりをつくる

私は「テコの原理」を使ってワッグルをおこなっています（図4－3）。

両腕をリラックスさせて柔らかくクラブを持ち、グリップをターゲット方向に少し倒してください。すると、ヘッドは逆方向に持ち上がり、右ひじが内側に絞られると同時に右肩が後方に引かれて、右手首は甲側に背屈します。

4-3

1

両腕をリラックスさせて、柔らかくクラブをもつ

2

グリップをターゲット方向に少し倒すと、ヘッドが逆方向に持ち上がる

3

右ひじが内側に絞られ、同時に右肩が後方に引かれる。右手首は甲側に背屈する

「テコの原理」を使ってワッグルをおこなうイメージをもとう。グリップエンドに力をかけるとヘッドが持ち上がる。これが、②のターゲット方向と逆側にヘッドが持ち上がるときの力学だ

腕がリラックスしていて、ゆらぎを感じることができれば、背屈した右手首と絞られた右ひじは元に戻ろうとします。そのため、クラブヘッドも元の位置に戻っていき、振り子のような運動をします。この動きに合わせて、腰をちょっとだけ左右に動かして、足踏みするように足をパタパタとタップすれば、G1メソッドにおけるワッグルの完成です。

一見したところ、手先だけ動かしているかのようですが、じつは手を動かしているときは、両ひじはもちろん、胸骨まで動かしています。手、足、腕、胸、腰と、私のおこなうワッグルは、じつはからだ全体でゆらいでいるのです。

ただし、手元の動き自体は小さいので、クラブの振れ幅はそれほど大きくありません。

ここで、先に登場した「頭上時計」とは別に、「正面時計」に登場してもらいましょう（図4－4）。アドレスした状態を正面（胸側）から見て、頭の位置が12時、左ひじの方向が3時、クラブヘッドを構えた地点が6時、右ひじの方向が9時を指す時計です。

G1メソッドにおけるワッグルでは、6時に構えたクラブヘッドが8時まで動いて戻ってきます。テコの原理を使ってグリップ側が2時、ヘッド側が8時を指すあたりまで動かしながら、同時に全身を動かしているわけです。

実際に球を打つとき、私は1回しかワッグルをしていません。何度も繰り返し、それこそ無意識で打っているうちに、1回しかワッグルをしなくなったのです。

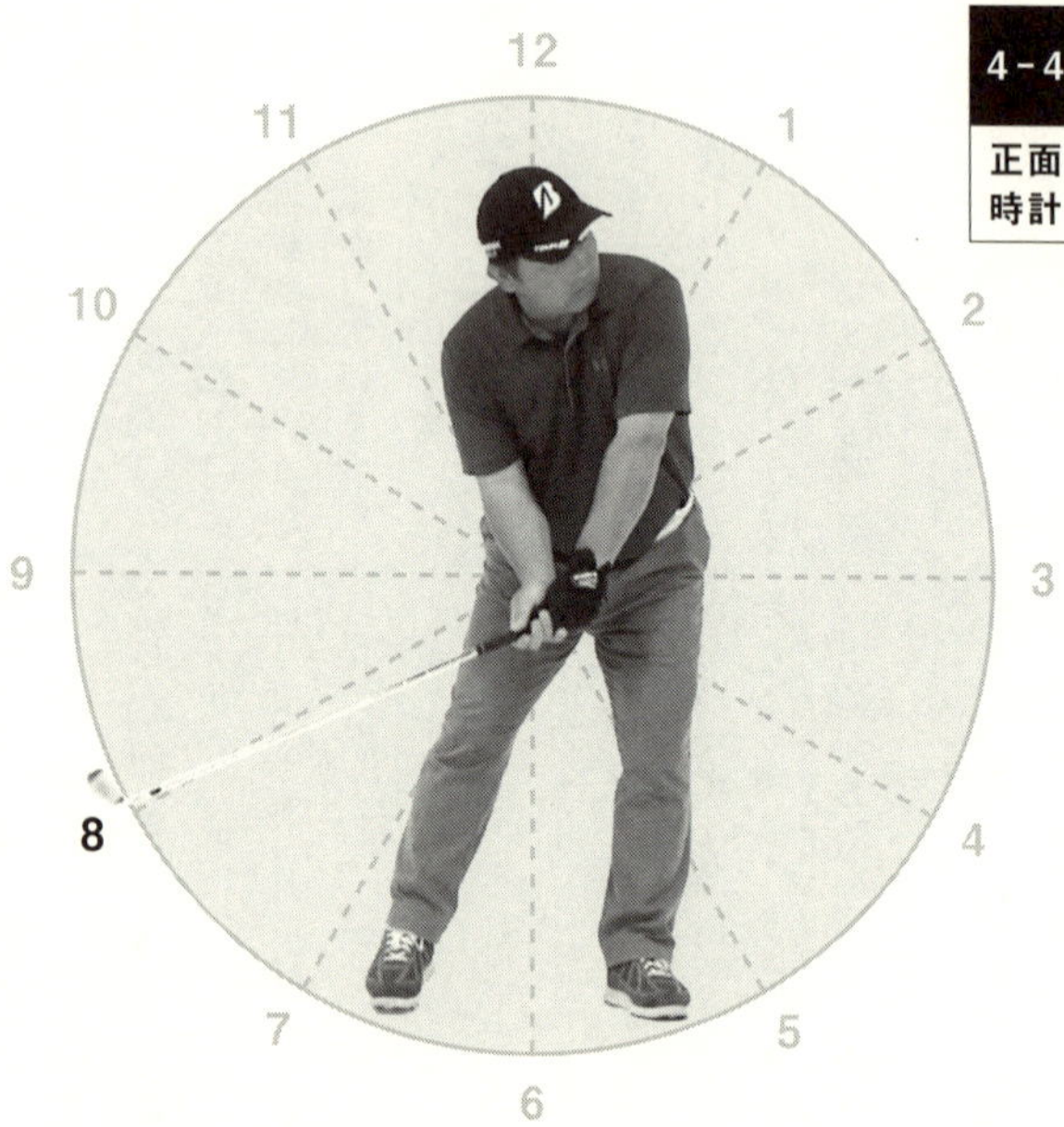

テコの原理を使って、ヘッドを8時まで動かす。同時に、両ひじから胸骨まで、全身にゆらぎを感じることが重要

しかし、慣れるまでは、２回ワッグルをしてから打つことをお勧めします。「イチ、ニー、サン」と目標を見ながらワッグルし、ポンとヘッドを置いたら軽やかにスイングをスタートするようにしてください。

アドレスへの入り方と同様、ワッグルにも最初は練習が必要不可欠です。

ボールを打たないので練習としては退屈かもしれませんが、リラックスしてうまくテコの原理を使えるようになるまで繰り返し練習しましょう。そのとき、腕や体幹に鉛筆を振ってしならせているときのようなゆらぎを感じることができたら最高です。

ぜひ世界標準のワッグルを身体にしみ込ませてください。

第5章

世界標準の始動とテイクバック

——トップはつくらず、ねじるだけ

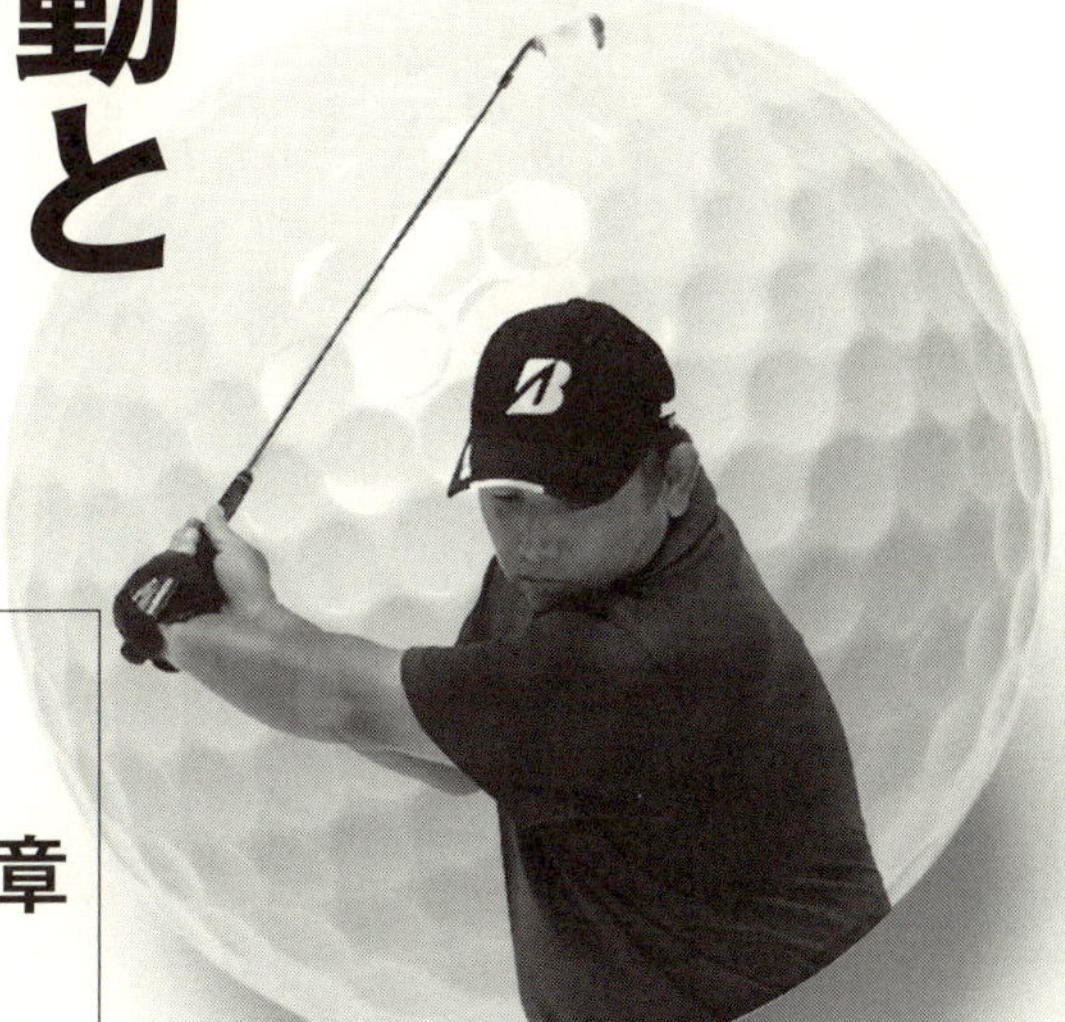

5-1 体幹をいかに「ねじる」か

「ゆらいだ状態」からスイング開始

さぁ、いよいよスイングのスタートです。

ただし、前章で解説したように、スイングは決して「止まった状態」から突然、動き出すわけではありません。「アドレス→アライメント→ワッグル」という一連の流れのなかで、身体の動きを止めることなく、ゆらいだ状態からテイクバックを始めます。ゆらぎが感じられる状態からスイングに入れば、リラックスしていても簡単に捻転差をつくることができるからです。

そういう意味では、アドレスの段階からスイングはすでに始まっているといってもいいかもしれません。なお、ワッグルではテコの原理で右手首を背屈させましたが、実際のテイクバックではコックを使わずに身体の回転で上げていきます。ワッグルはあくまでも、タイミングよく始動につなげるための手段にすぎません。

なんのためにバックスイングするのか?

ここで質問です。

バックスイングの目的は何でしょうか。トップの位置まで腕を上げること？　それとも、肩を回すこと？

いいえ、どちらも違います。バックスイングの目的は、「体幹をねじる」ことです。G1メソッドでは、胴体の脇の下から太ももの付け根までの部分を「体幹」と考えています。したがって、胸や背中も、太ももの付け根の上で、積極的に回していかなくてはいけません（図５－１）。

注意が必要なのは、意識的に肩を回そうとするのは絶対にNGということです。体幹がねじられれば、肩は勝手に回ります。

正しいバックスイングができると、十分に体幹がねじられ、左の脇腹や背中に張りを感じます。

試しに、両ひざをついて体幹をねじってみてください。左の脇腹や背中に張りを感じるはずです。バックスイングでは、必ずこういう感覚がなくてはいけません。実際、私のレッスンを受けた人たちは翌日、腹筋や背筋の筋肉痛を訴えることがとても多いのですが、それだけ体幹がねじられている証拠です。

バックスイングをした際に、左の脇腹や背中に張りが感じられない人は、自分では身体をねじっているつもりでも、実際には頭を動かしているだけで、十分に身体が捻転していない証拠です。

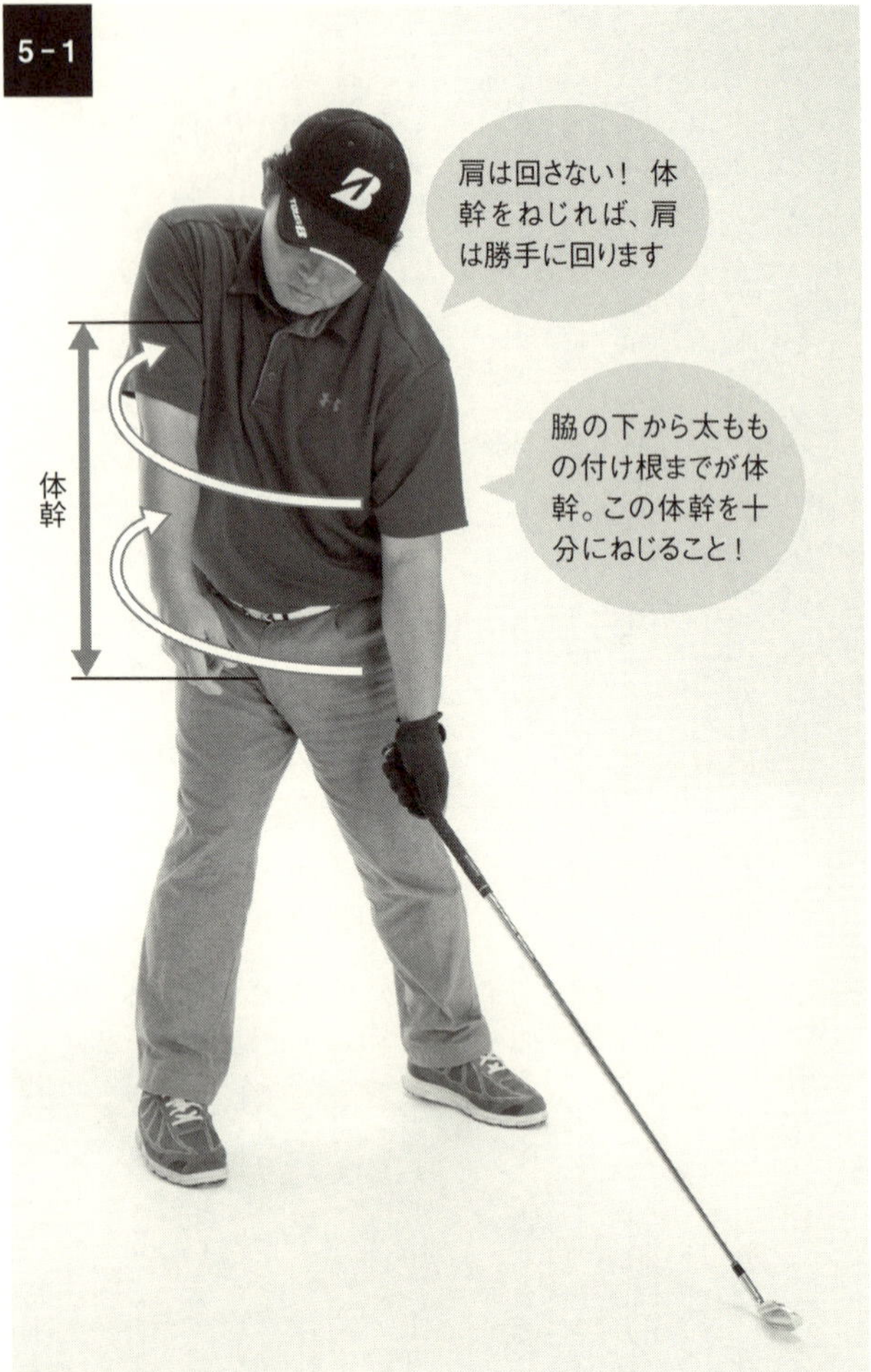
5-1
肩は回さない！ 体幹をねじれば、肩は勝手に回ります
脇の下から太ももの付け根までが体幹。この体幹を十分にねじること！
体幹

バックスイングは「体幹をねじる」ためにおこなう。胴体の脇の下から太ももの付け根までの部分＝「体幹」。太ももの付け根の上で、左の脇腹や背中に張りを感じるまで、この体幹をねじる

「空き缶を踏みつぶす」イメージで始動せよ

十分に体幹をねじるためには、身体を動かす順番がとても重要です。このことをまず、体感していただきたいと思います。

アドレスの体勢から、クラブを腰の高さまで振り子のように左右に振ってみてください。このとき、絶対に手でクラブを動かしてはいけません。必ず、胸や背中などの大きな筋肉を使って動かすようにしてください。グリップはすっぽ抜けそうなくらいゆるゆるの状態で握り、クラブの遠心力を感じることがポイントです。

遠心力を感じながら振ることができていれば、フォロー側でクラブがいちばん大きく振られ、シャフトが地面と平行になったときに、右足のかかとが少しだけ浮きます。バックスイングは、この右足のかかとを踏みつけることから始まります。

もちろん、実際にボールを打つときには、反動をつけてバックスイングを始めるわけではないので、右足のかかとは浮きません。あくまでも、「浮いているかかとを踏みつける」イメージでスイングをスタートさせるのです（図５－２）。

空き缶を踏みつぶすようなイメージで右足のかかとを踏みつけたら、背中と胸をねじり始め、最後にグリップが動きます。この動作がスムーズにできれば、クラブは勝手に上がっていき、ス

5-2

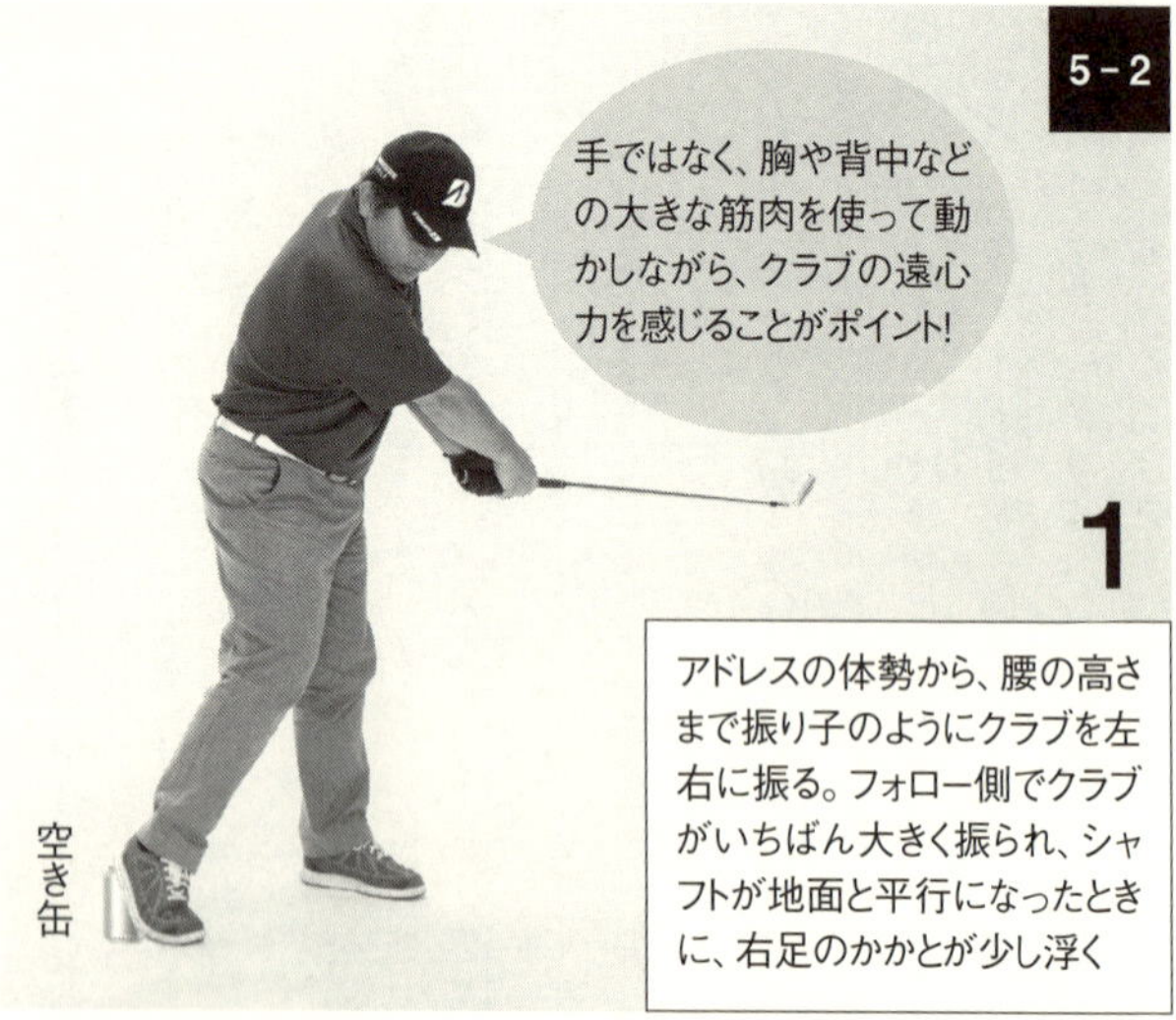
手ではなく、胸や背中などの大きな筋肉を使って動かしながら、クラブの遠心力を感じることがポイント!
空き缶

1

アドレスの体勢から、腰の高さまで振り子のようにクラブを左右に振る。フォロー側でクラブがいちばん大きく振られ、シャフトが地面と平行になったときに、右足のかかとが少し浮く

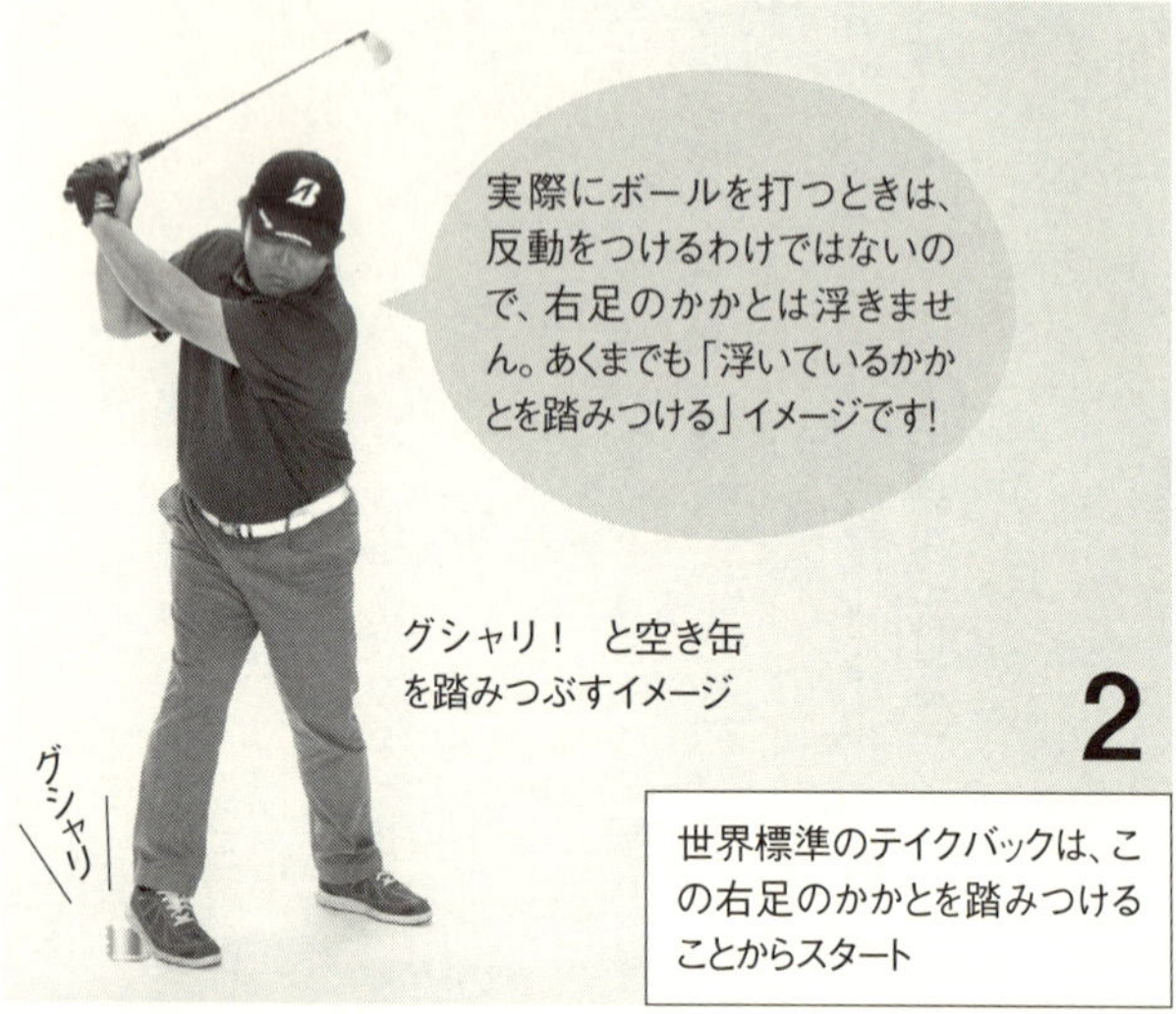
実際にボールを打つときは、反動をつけるわけではないので、右足のかかとは浮きません。あくまでも「浮いているかかとを踏みつける」イメージです!
グシャリ! と空き缶を踏みつぶすイメージ
グシャリ

2

世界標準のテイクバックは、この右足のかかとを踏みつけることからスタート

5－3

グリップがワンテンポ遅れて動き出し、クラブを引きずるイメージでテイクバックする。木材などを置いて、クラブヘッドが遅れて上がっていく感覚をつかもう

板を動かさずに、表面をヘッドがなめるようにしてテイクバックできれば、手首が柔らかく保たれている証拠＝リッピングテイクアウェイ

「低く、長いテイクバック」が世界標準

イングに勢いがつきます。

正面から見ると、グリップがワンテンポ遅れて動き出し、ちょっとクラブを引きずっているように見えますが、この感覚が大切です（図5－3①）。

実際にやってみるとわかりますが、この動きは両手首を柔らかい状態に保っていなくてはできません。手首が硬いと、腕と一緒にグリップも動き出してしまうため、クラブヘッドを引きずるような感覚は生まれないのです。

239ページのドリル1で紹介していますが、アドレスした状態でクラブヘッドの後ろに300～500gほどの重さの板切れをセット。この板切れを動かすことなく、板の表面をヘッドがなめる（リップする）ようにしてバックスイングができれば、手首が柔らかく保たれている証拠です（図5－3②）。G1メソッドでは、これを「リッピングテイクアウェイ」とよんでいます。

低く、長くヘッドを引いて、体幹をしっかりとねじる「ロングテイクアウェイ」と、手首を柔らかく保って板切れをなめるようにヘッドを動かす「リッピングテイクアウェイ」。この二つが同時におこなわれることで、バックスイングの前半はより理想的なものに近づきます。

グリップは最後まで動かすな！

実際には、クラブが身体の正面にある位置からバックスイングはスタートしますが、右足のかかとを踏むことは変わりません。バックスイングで身体を動かす順番は、右足のかかとを踏む↓背中と胸をねじる↓最後にグリップです。これを間違ってはいけません。

グリップ↓肩↓背中という順番で身体を動かしてしまうと、その時点でスイングは失敗です。必ず手打ちになってしまいます。

右足のかかとを踏むと、右の太ももに上体が乗ります。その結果、右足太ももの付け根がねじれ（捻転）の起点となります。このねじれの起点がないと、体幹をねじることはできません。太ももに上体が乗らずに流れてしまうと、ねじれではなく、単なる回転運動になってしまいます。

腰を回そうとして、右腰が後ろに引けてしまうのもＮＧです。右腰が引けると右ひざが伸びてしまい、太ももの付け根に乗っていくことができません。

両ひじと両腰を同調させる

もう一つ大事なことがあります。

始動から、「正面時計」（114ページ図４－４参照）の８時の位置までクラブが動くあいだは、グリップエンドと身体の距離を変えずに、両ひじが両腰を指したまま一緒に右に回転することです（図５－４）。この、腕と体幹が同調して右に回転する動きを、「両ひじと両腰のワーキングトゥギャザー」とよびます。

5-4

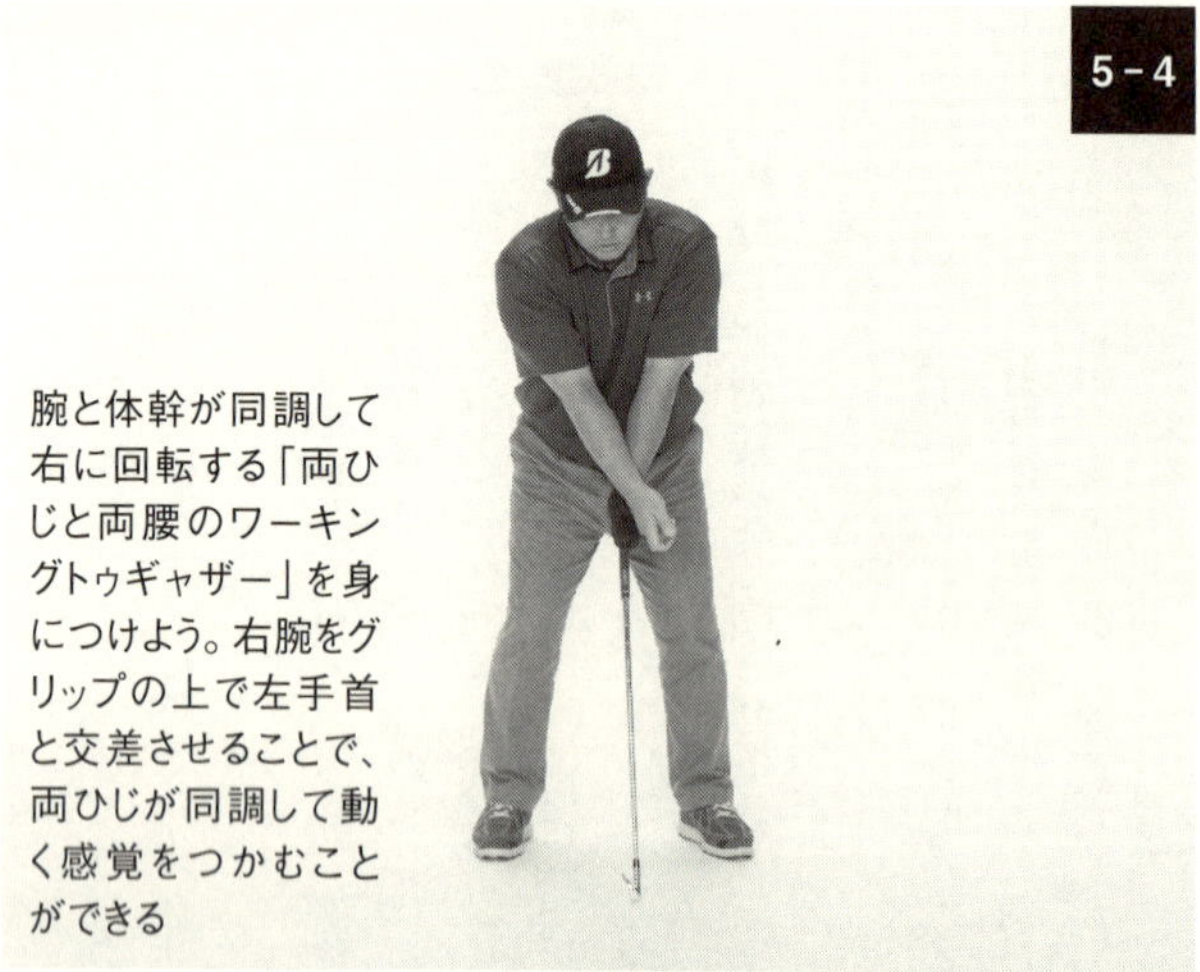

腕と体幹が同調して右に回転する「両ひじと両腰のワーキングトゥギャザー」を身につけよう。右腕をグリップの上で左手首と交差させることで、両ひじが同調して動く感覚をつかむことができる

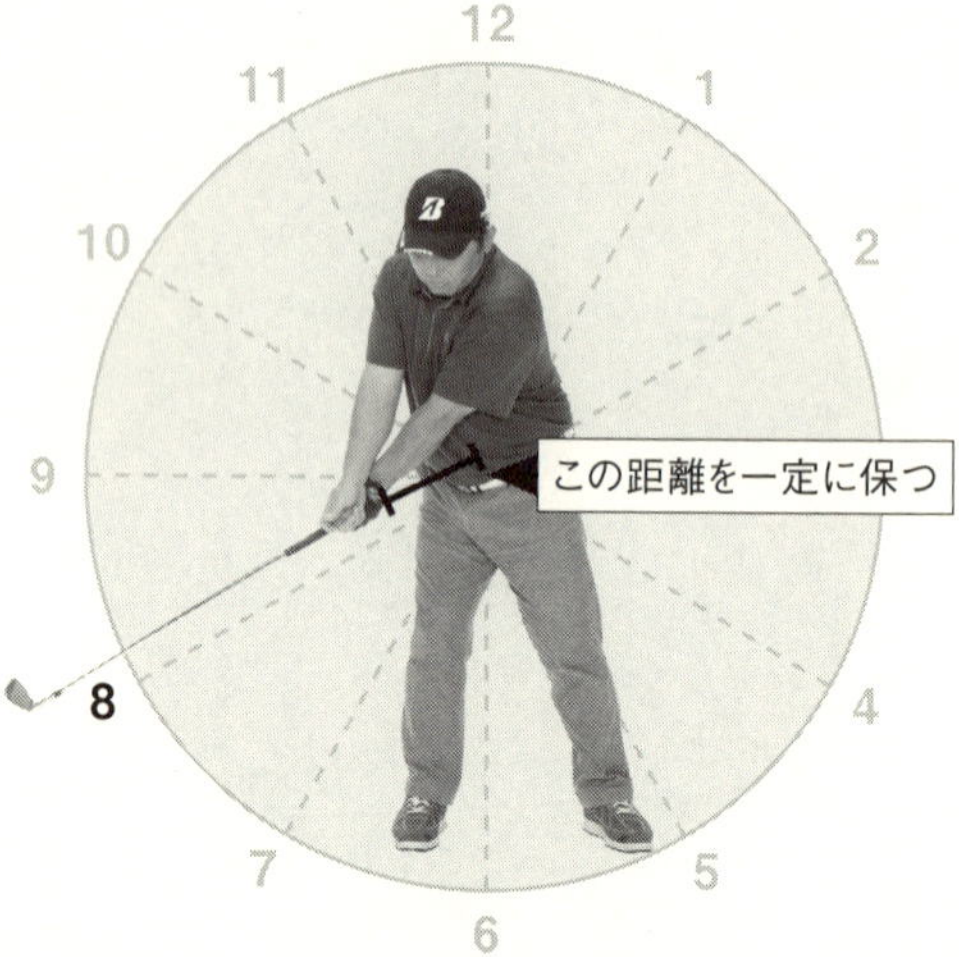

始動から「正面時計」の8時の位置までは、グリップエンドと身体の距離を変えないこと。両ひじが両腰を指したまま、一緒に右に回転していく

「両ひじと両腰のワーキングトゥギャザー」ができると、両腕がつくる三角形の先につねにクラブがある感じになります。

「正面時計」の8時の時点では、グリップエンドは右の太ももとかなり近い位置にあります。拳一つ半といったところでしょうか。この時点でグリップエンドが身体から離れてしまうと、バックスイングの後半で体幹をねじった際に、逆にインサイドにクラブを引くことになり、オーバースイングの原因となります。

また、手首のコックも意識しては使いません。上半身とクラブの関係はアドレスしたときと同じポジションをキープしたまま、体幹だけをねじる感覚でテイクバックしてください。

5-2 「ゼロトップ」という考え方――トップから意識を解放する

クラブが「倒れ込んでくる」ポイントを体得する

さらにバックスイングが進むと、徐々に右ひじが折りたたまれて、左腕が地面と平行になるポジションに到達します。

この時点で、十分にリラックスして腕の力が抜けていれば、クラブはヘッドの重みによって右肩の方向に勝手に倒れていきます。この「クラブの倒れ込み動作」を使いながらクラブを落下させてシャローなポジション、すなわち、ボールへの入射角が緩やかな低いポジションに持っていくことは、G1メソッドの重要なポイントの一つです。

「シャローなポジションをつくりなさい」というと、テイクバックでクラブを寝かせてインサイドに引いてしまう人がたくさんいます。ヘッドを低い位置に持っていこうとして、クラブを寝かせ、インサイドに引いてしまうわけです。

でも、これは間違いです。

本書で説明するバックスイングをすれば、「正面時計」の8時くらいの位置からちゃんとクラブは立ってきます。左腕が地面と平行になった時点でクラブが立っていないと、倒れ込みは起こりません。左腕が地面と平行になるポジションでクラブが立っているかどうか、この点が、世界標準のバックスイングができているかどうかの見極めポイントになります。

世界標準のトップの位置とは?

もし私が、「トップの位置はどこですか?」と聞かれ、あえて答えるとするなら、この「左腕が地面と平行になったポジション」と答えます。もちろん、実際のトップはグリップの運動方向が右から左に変わるポジションですから、もっと後になります（図5-5）。

でも、そのポジションは勝手にできるものであって、自分で意識してつくるものではありません。トップを意識的につくってはいけないのです。

手だけで引っ張っても開けられないような重い引き戸を、右から左に開ける動作を想像してください。下半身から踏み込んで重いものをからだ全体で引っ張るとき、左腕は地面と平行になっていませんか?

ゴルフスイングもそれと同じです。

バックスイングで左腕が地面と平行になった時点で、すでに左足の踏み込みは始まっています。上半身が右方向にねじられている最中に、下半身は逆方向への運動を開始することで強い捻転差（Xファクター）が生まれます。

感覚的にはここがトップ
5-5
あえてトップは意識せず、勝手にできるに任せる「ゼロトップ」を習得しよう

世界標準のトップは、「左腕が地面と平行になったポジション」。実際には、もう少し後でグリップの運動方向が右から左に変わるが、その位置は「勝手にできる」ものであって、自分で「意識してつくる」ものではない

だからこそ、左腕が地面と平行になったところがトップなのです。手元（グリップ）が頭の高さに上がったときに切り返そうとすると左足に体重が乗るリバースピボットになりやすいし、スイング軌道もアウトサイドインのカット軌道になりがちです。

トップを意識するデメリットとは？

日本ではよく、トップの位置を意識するよう指導されることがあります。

しかし、トップを意識することには、大きなデメリットがあります。下半身が止まり、回転動作がスムーズにできなくなってしまうのです。トップを気にする人ほど下半身がうまく使えず、上半身に頼った手打ちのスイングになってしまうのはこのためです。

日本には、トップの位置を気にするゴルファーがたくさんいます。私自身も、ゴルフを始めたばかりのころは、トップの位置で悩みました。鏡に自分の姿を映し、「ああでもない、こうでもない」と、トップの形ばかり考えていた時期があります。

しかし、本当はトップをつくろうとしてはいけなかったのです。あえてトップは意識せず、勝手にできるに任せる。その結果、下半身にブレーキをかけずにスムーズな回転運動を実現する――。これが、「ゼロトップ」の考え方です。今日からは、トップの位置を気にすることをいっさいやめましょう。

5-3 「切り返し」に向かうチェックポイント

「あごの下に左肩を入れる」の間違い

バックスイングで左腕が地面と平行になった時点では、「ふところの大きさ」を感じることが大切です。

ここでグリップを体に引きつけてしまうとふところが狭くなって、G1メソッドの要である「クラブの巻きつき動作」ができません（54ページ参照）。クラブの巻きつき動作ができないと、ダウンスイングでクラブを釣り竿のようにキャスティングしたり、左肩を開いたりする原因になります。

両腕のあいだにボールを挟んでいるようなイメージでふところの広さを感じ、胸が右方向を向いているうちに左足を踏み込んでみてください。手首をリラックスさせれば、クラブの重さで自然に倒れ込み動作が始まります。この倒れ込み動作を感じないと、クラブは身体に巻きついてきません。

肩が90度回った段階で、鼻筋も25～30度右に回転します（図5-6）。トッププロの動作解析をおこなったところ、鼻筋は全員、右に動いていました。鼻筋がアドレスしたときと変わらない

5-6

肩が90度回った段階で、鼻筋も25 ～ 30度右に回転する。トッププロが全員おこなう動作

ボールをよく見ようとするあまり、顔は正面を向いたまま、あごの下に左肩を入れていくのはNG。左足に体重が乗ってしまい、スイングがガタつく原因になる

人、あるいは逆方向、つまり左に動く人は一人もいませんでした。

ところが、アマチュアゴルファーの場合は、ボールをよく見ようとするあまり、顔は正面を向いたまま体幹だけをねじり、あごの下に左肩を入れていく姿をよく見かけます。こうなると、いわゆる〝リバースピボット〟となって、右足ではなく左足に体重が乗り、ギッコンバッタンのガタガタスイングになってしまいます。

右隣にいる人と握手をするように

非常に重要なポイントなので、こんどはクラブを持たずに身体の動きを説明しましょう。アドレスの姿勢をとり、右手首の甲と左手首の甲を合わせてください。このとき両腕のひじは両腰を指しています。そして、先述のとおり、右足のかかと→背中→手という順番で身体を動かして、右の太ももの付け根の上で体幹をねじっていきます。「正面時計」の8時のポジションまで、両ひじはアドレス時と同様につねに両腰を指しつづけます（図5－4参照）。

腰をいっさい回さずに、上体だけを回そうとする人がいますが、人体の構造上、これでは回るわけがありません。太ももの付け根の上で体幹を回すわけですから、腰も必ず一緒に回ります。腰とひじはつねに「ワーキングトゥギャザー」、すなわち同調して動かなくてはいけません。

この点は、ベン・ホーガンも指摘しています。彼の著書『モダン・ゴルフ』のなかで、「腰と

5－7

“手打ち”を避ける最上の対策

1

両ひじと両腰は、必ず同調させて回す

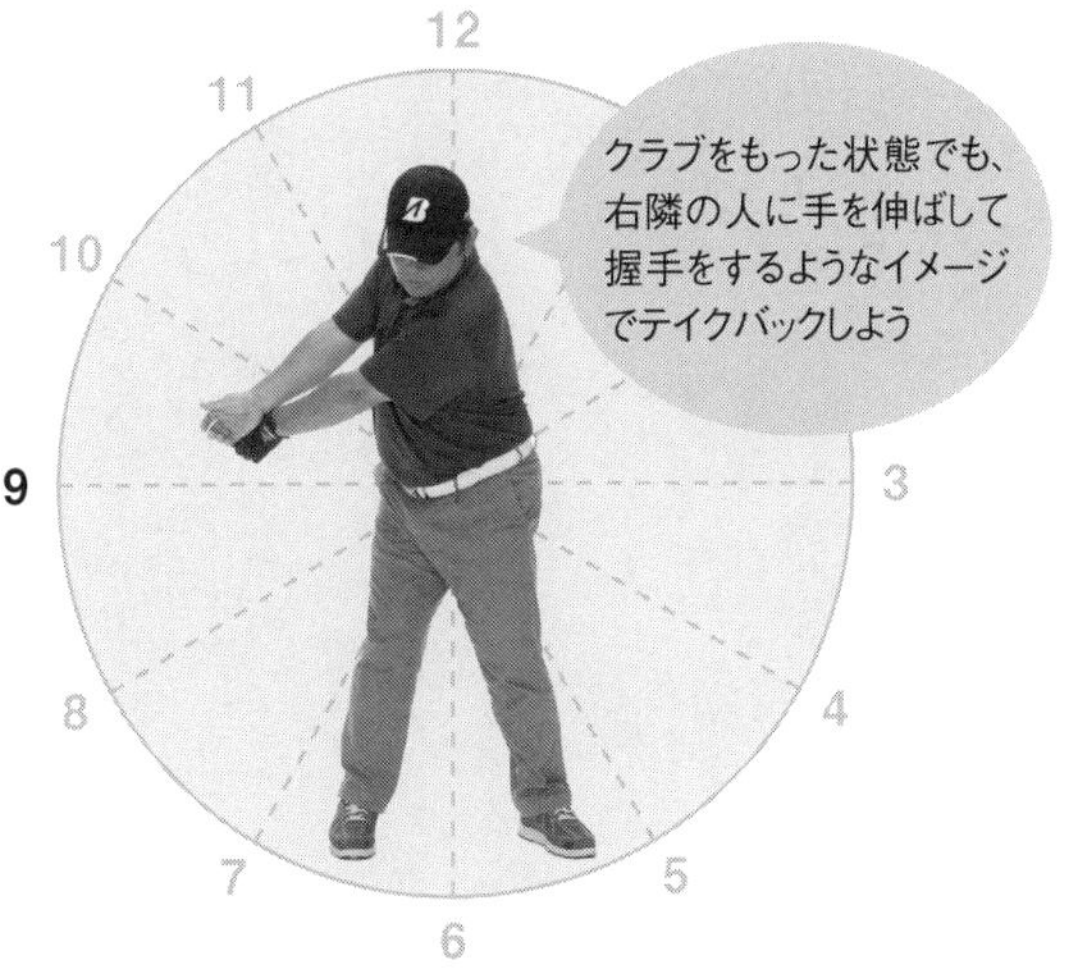
12
11
10
9
8
7
6
5
4
3
クラブをもった状態でも、右隣の人に手を伸ばして握手をするようなイメージでテイクバックしよう

2

「正面時計」のちょうど9時の位置で、右隣に立っている人と握手しているような形に。腕がちゃんと伸びていれば、右手でも左手でも握手することができる

ひじはワーキングトゥギャザーさせろ」と書いているのです。

両ひじと両腰は必ず、同調させて回すようにしてください。そうでないと非常に窮屈なスイングになって、結局は、手打ちになってしまいます。

「正面時計」で8時の時点では、両腕もまだ伸びています。コックをしたり、右ひじを後ろに引いたりしてはいけません。ここもまた、きわめて大事なポイントです。

そのようにすると、「正面時計」のちょうど9時の位置で、右隣に立っている人と握手しているような形になります（図5-7）。

腕がちゃんと伸びていれば、右手でも左手でも握手することができるはずです。クラブを持った状態でも、右隣の人に手を伸ばして握手をするようなイメージでテイクバックするといいでしょう。

体重が「勝手に乗ってくる」バックスイング

G1メソッドのバックスイングはしっかり頭に入りましたか？　いや、頭に入れるだけでは不十分です。繰り返し練習して、身体にしみ込ませてください。

バックスイングは、これから始まる「クラブの倒れ込み」と「巻きつき」、そして「落下」というG1メソッドの真骨頂ともいえる動作の準備段階です。バックスイングを正しい順番でスムーズにおこなうことができなければ、これらの動作がうまくいきません。

では、おさらいをしましょう。

ワッグルをしてクラブを地面にポンと置いた瞬間に、右足のかかとを踏み込みながらバックスイングを開始。右の太ももの付け根に体重が乗って「ねじりの起点」ができたら、背中↓グリップという順番で動いていきます。

このとき、「正面時計」の8時のポジションまでは、両ひじが両腰を指すように、ひじと腰を同調させながら捻転します。

「正面時計」で8時のポジションでは、両腕がつくる三角形の前、右にねじられていった身体の正面にクラブがあり、グリップエンドは右太ももから拳一つ半ぐらいしか離れていません。ここからクラブは徐々に立っていき、左腕が地面と平行になるポジションまで来たら、右肩方向への倒れ込みが始まります。

ここまでが、この章で説明した始動からバックスイングにいたる流れでした。

このとき、右足土踏まずの内側に体重が乗っていることを確認してください。自分で意識して、体重を乗せようとしているわけではありません。クラブの遠心力を感じながら、低く、長いテイクバックをおこなうと、体重は右足土踏まずの内側に勝手に乗ってしまうのです。

右足土踏まずの内側に踏み込むことで、右ひざがほんの少し左にキックインされるので、右太もも付け根の反発エネルギーもより強化されます。

じつは、この右足土踏まずの内側に体重が乗った状態こそが、私が考える「軸ができた」状態です。次章では、この「軸」について詳しく解説したうえで、「切り返し」の動きについてお話ししたいと思います。

第6章

世界標準のスイング①

――回転軸のつくり方と切り返しのテクニック

6-1 身体を回転させる「軸」をどうつくるか

「再現性の低いスイング」から脱却しよう

前章までに繰り返し述べてきたように、私が提唱しているG1メソッドは、「身体の回転」を使うスイングです。

身体を回転させながら、クラブの重心を支点に手元（グリップ）とヘッドの位置を入れ替えてクラブをまーるく振り、クラブの遠心力とうねりを利用してボールを飛ばします。

むりに手首を返すなどの余計な動きが含まれていないため、身体に負担をかけずに、効率よくボールにパワーを伝えることができます。同時に、手を使わずに、身体の回転を利用するため、スイングの再現性も非常に高い。すなわち、飛距離が出て、かつ、曲がらないスイングなのです。

身体の回転を使うスイングこそ、いまの世界標準です。しかし、私が見たところ、日本のアマチュアゴルファーのほとんどは、回転が不足しています。

その原因は、回転ではなく、直線的なインパクトゾーンを意識している人が多いためでしょう。実際に、手でボールに合わせにいく人が多いのですが、手で合わせにいくスイングは再現性に欠けるため、打つたびに打点がブレて、フェースの真芯でボールを捉えることができません。

身体を回転させるためには、回転の中心となる「軸」が必要不可欠です。コンパスで円を描くときに、中心に立てる針を思い浮かべてください。あの針のような回転軸が、ゴルフスイングにも必要なのです。

身体の「回転軸」とはどこか

Ｇ１メソッドをマスターするためには、スイングの「回転軸」を意識して練習することがとても重要です。「回転軸」を決めて、しっかり身体を回転させると、打球はまっすぐ、遠く飛んでいきます。右に左に曲がって困るということから解放されます。

では、身体の「回転軸」とは、具体的にどこを指すのでしょうか。

Ｇ１メソッドでは、右の太ももの付け根にしっかりと体重を乗せ、胸の真ん中を縦に走っている胸骨が右足土踏まず内側の垂線上にくるまで体幹をねじるよう教えています（図６－１①）。正しく捻転ができていれば、胸骨、右足股関節、右足土踏まずの内側は一直線上に乗ります。この「胸骨ー右足股関節ー右足土踏まずの内側」を結んだ縦のラインが、スイングの「回転軸」にほかなりません。すなわち、Ｇ１メソッドは「右軸のスイング」ということです。

Ｇ１メソッドでは、この縦軸ラインのことを「ピボット」とよんでいます。また、右太もものスイングの回転軸を確認しよう。まず、胸の真ん中を縦に走っている「胸骨」を意識する。胸の正面でクラブをもつと、胸骨をイメージしやすい

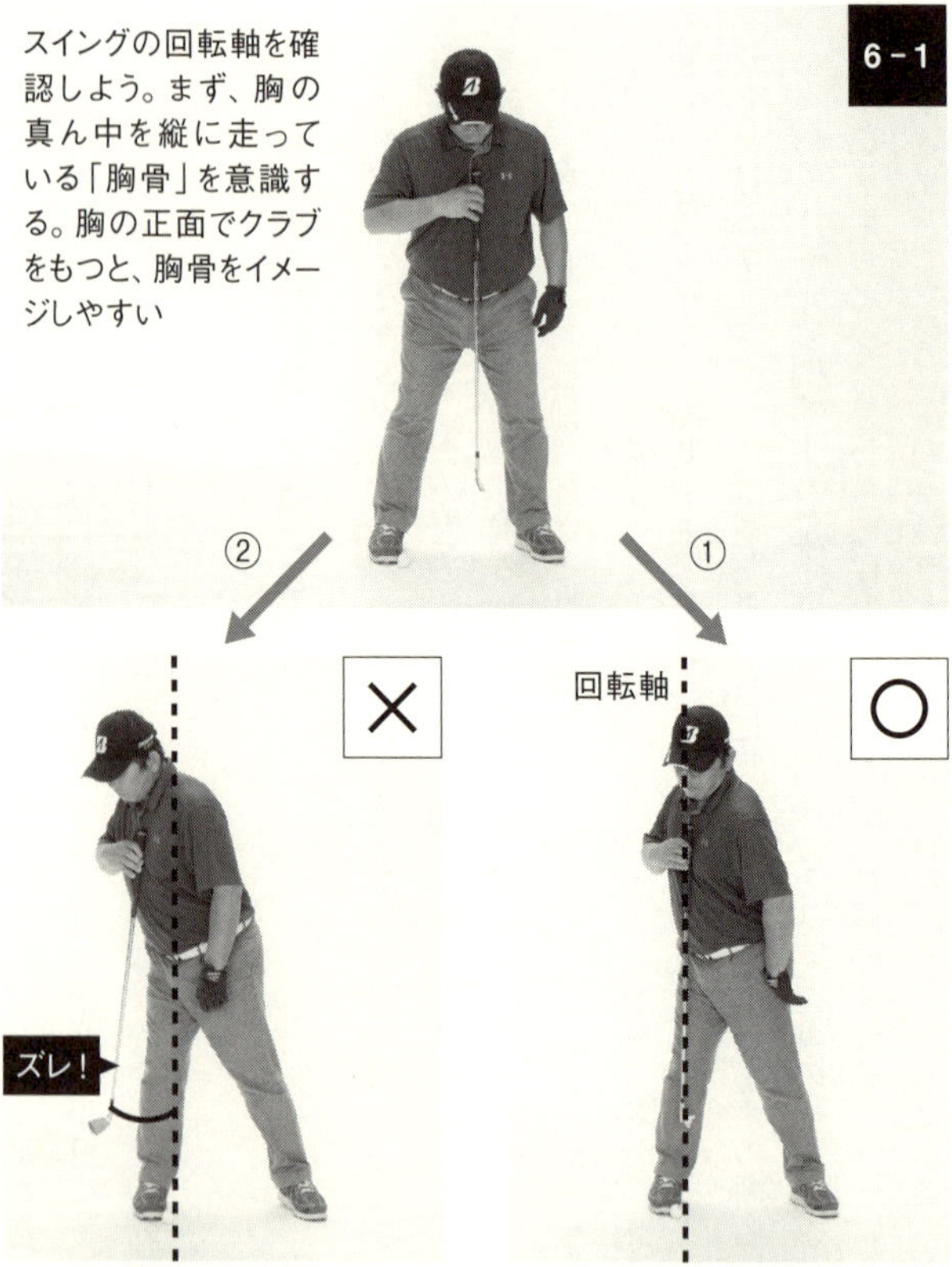

胸骨と股関節が、右足土踏まず内側の垂線上からはずれ、はまっていない状態＝「ピボットアウト」。ダウンスイングの途中で胸骨や股関節がピボットアウトすると、回転軸がブレてしまい、身体をうまく回転させることができない

右足太ももの付け根にしっかりと体重を乗せ、胸骨が右足土踏まずの垂線上にくるまで体幹をねじる。このときできる「胸骨―右足股関節―右足土踏まずの内側」を結んだ縦のライン＝ピボットが、スイングの「回転軸」。「ピボットイン」した「右軸のスイング」が世界標準だ

付け根にしっかりと体重が乗って体幹がねじられ、胸骨が右足土踏まずの垂線上にある状態を「胸骨がはまる」、そのときの右足股関節のライン、いわゆる〝コマネチライン〟（ビートたけしさんの往年のギャグを思い出してください）の右側が切れ上がった状態を「股関節がはまる」と表現しています。

そして、右足土踏まず内側の垂線上に胸骨と右足股関節がきて、胸骨と股関節がはまった状態を「ピボットイン」、胸骨と股関節がこのポジションをはずれ、はまっていない状態を「ピボットアウト」とよびます。

ピボットインは、軸がしっかりとできている状態です。ダウンスイングでは、このピボットインの状態をキープしたまま左足を踏み込むと同時に右ひざを送り込み、腰を回しながら肩と腰の捻転差（Xファクター）をつくっていきます。ダウンスイングの途中で胸骨や股関節がピボットアウトしてしまうと、軸がブレている状態なので、身体をうまく回転させることができません（図6－1②）。

右ひざはターゲット方向に押し込まれる

まずは、クラブを持たない状態で、ピボットを確認しましょう。

アドレスの姿勢をとったら、右手でゴルフボールを持ち、胸骨の前に当ててください。そのまま右かかとを踏み込み、右足太ももの付け根に体重を乗せて、体幹をねじっていきます。右足土踏まずの内側にしっかりと体重が乗り、体幹も目いっぱいねじられたところで、ボールを落とします。すると、ボールは右足土踏まずの内側に落ちるはずです。

これが、ピボットインの状態です。

切り返しでは、このピボットインの状態を維持したまま、空き缶を踏みつぶすように左足のかかとを踏み込むと同時に、右ひざをターゲット方向に押し込んで腰を回します。この右ひざの動きを、G1メソッドでは「キックイン」とよんでいます。キックインとは、クラブが身体に巻きつきながら落下する動作（裏面ダウン）にともなって、右半身が沈みこみ、右足母趾球で地面をグッと押し込んだときに、右腰が飛球方向に入る動きを指します。

右ひざのキックインは、左足かかとの踏み込みと同調しており、自分で意識しておこなわなくても、胸が右斜め前方を向いたまま下半身リードができていれば、自然とおこなわれる動作です。

ただし、股関節がはまってピボットインの状態になっていないと、キックインはできません。また、股関節がはまっていても、ダウンスイングで腰が前（正面）に出てしまう人は、やはり右ひざを押し込むキックインができません。

キックインが正しくおこなわれると、右足土踏まずの内側にスキーのエッジングのように体重がかかり、右足の外側半分が浮いた感じになります。右足かかとが真上に浮いて、右ひざが前（正面）に出てしまったらキックインができていない証拠。トップで右足内側に体重がかかり、左足の外側が少しだけ浮いているかどうかをチェックしてください。

ゆったりスイングでも飛距離が出せる「Xファクター」

ピボットインの状態をキープしたまま、左足かかとの踏み込みと右ひざのキックインで右腰を回し込むと、肩と腰の捻転差が最大になります。正面から見ると、ベルトのバックルがほぼ正面を向いているのに対して胸はまだ右斜め前を向いていて、背骨のラインが右に約15～20度傾いた状態になっています（図６－２）。

第１章でも紹介したように、この捻転差を「Xファクター」とよびます。通常、左足かかとを踏み込む前の捻転差は、肩が90度、腰が45度回転しているので約45度ですが、Xファクターは55～60度になります（図６－３）。

一般に、Xファクターの数値が大きい選手はロングヒッターだといわれています。プロゴルファーのなかにも、ゆっくり振っているように見えて、ものすごく飛ばす選手がいますよね。その秘密は、このXファクターにあります。日本でいえば、宮本勝昌プロなどがそうですが、ゆったり系のスイングで飛距離の出る人は、Xファクターが人並みはずれて大きいのです。

6-2

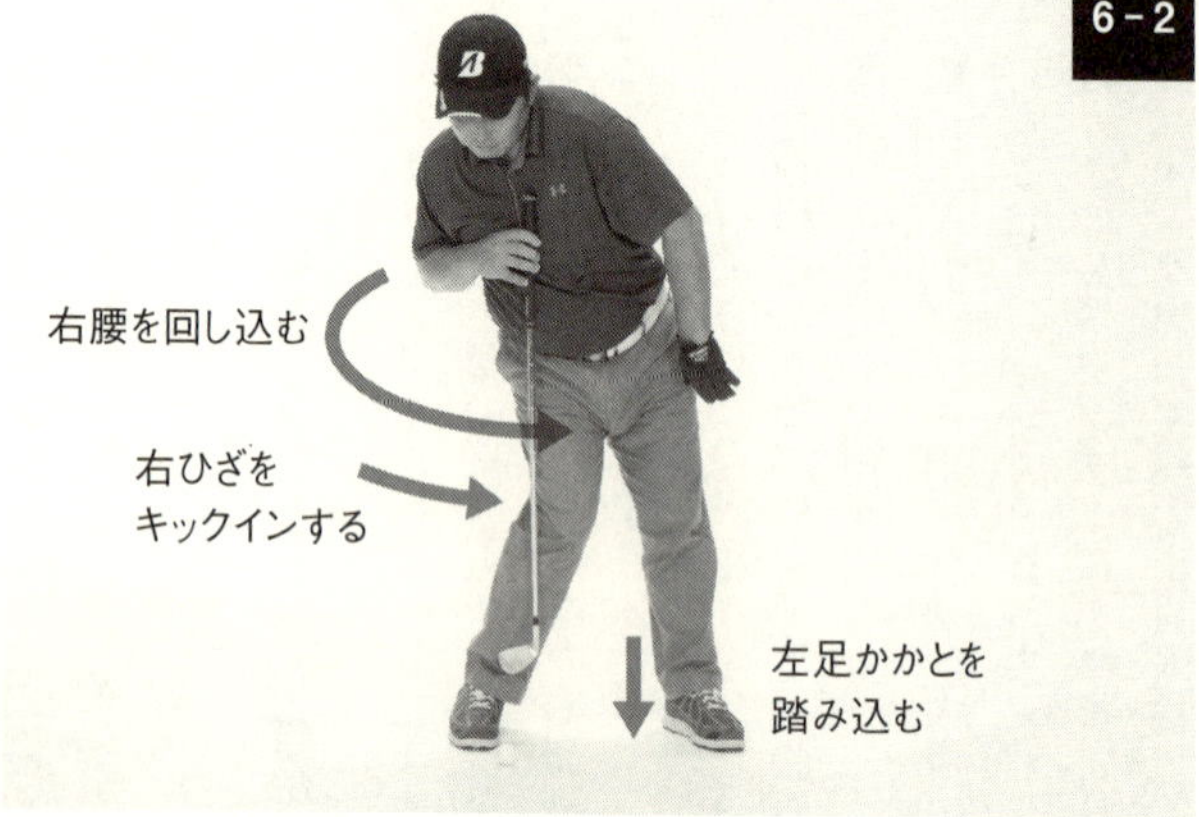

ピボットインした状態をキープしたまま、左足かかとの踏み込みと右ひざのキックインで右腰を回し込んでいく

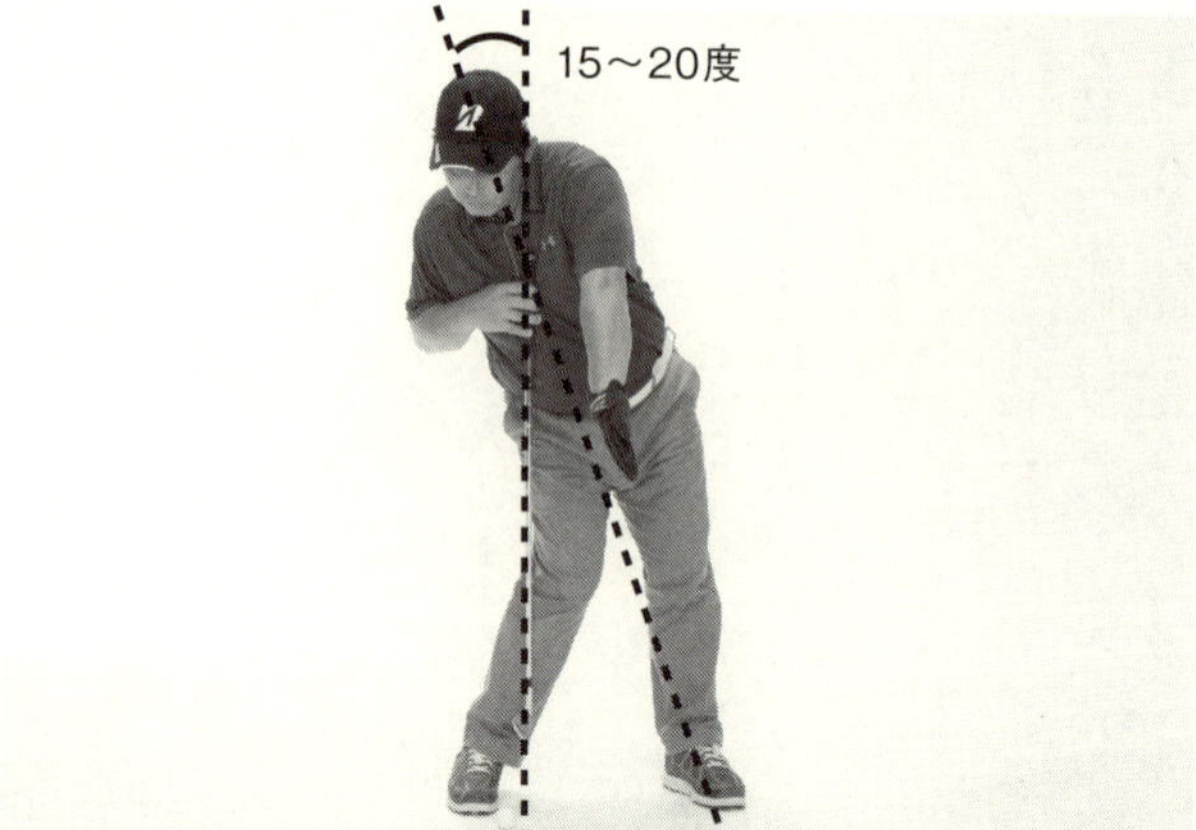

肩と腰の捻転差が最大になったときに正面から見ると、ベルトのバックル（おへそ）がほぼ正面を向いているのに対し、胸はまだ右斜め前を向いている。背骨のラインが右に約15〜20度、傾いた状態

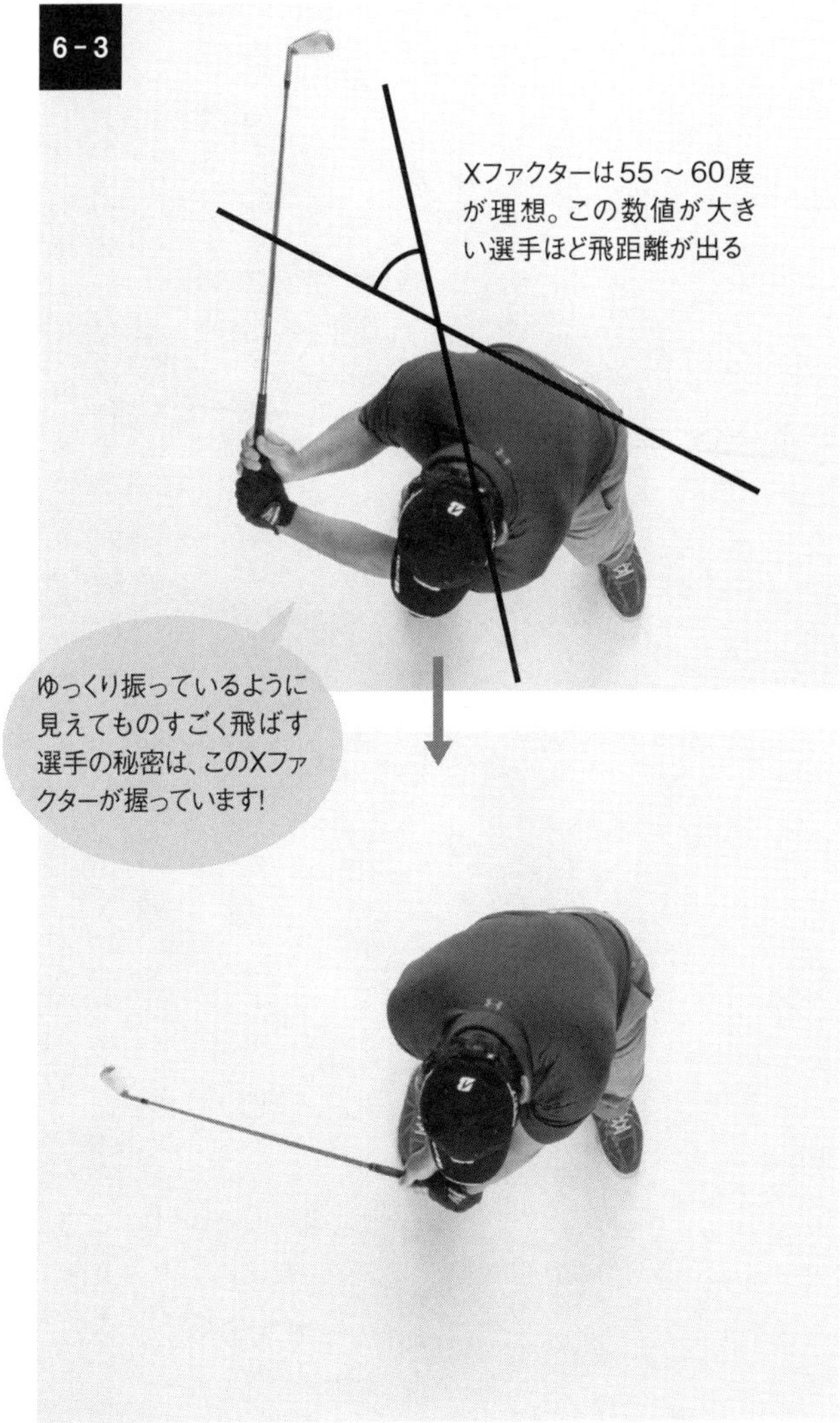
6-3
Xファクターは55～60度が理想。この数値が大きい選手ほど飛距離が出る
ゆっくり振っているように見えてものすごく飛ばす選手の秘密は、このXファクターが握っています!

では、どうすれば、Xファクターを大きくすることができるのでしょうか?

ポイントは、体幹の柔軟性です。体幹に柔軟性があると、Xファクターは大きくなります。世界のトッププレーヤーは、トレーニングで身体の柔軟性を高め、Xファクターを大きくすることで飛ばしているわけです。

体幹の柔軟性を高める簡単なエクササイズをご紹介しましょう。まず、ピボットインの状態をつくり、左手の親指と人差し指でズボンの右側の前ポケットをつまみます。その状態から、左足の踏み込みと右ひざのキックインを同時におこなうと、背中や脇腹まわりにいままで感じたことのない強い張りを感じるはずです。この体勢を30秒間キープするエクササイズを一日3回おこなうだけで、体幹の柔軟性が高まります。

Xファクターが60度を超える人は〝超飛ばし屋〟です。一般のアマチュアならば、まずはXファクター55度を目指してください。それができれば、かなりの飛距離アップが望めるはずです。

6-2 世界標準の切り返し方――スイングの助走と裏面ダウン

「振り下ろす」ではなく「落下させる」――腕とクラブの動きを習得する

Xファクター、すなわち上半身と下半身の捻転差が最大となったとき、じつはすでに、ダウンスイングが始まっています。クラブの運動方向が切り替わり、クラブは落下を始めているのです。まずは、バックスイングからダウンスイングへの切り返しに際しての下半身の動きから見ていきましょう。

ピボットインの状態を維持したまま、左足のかかとを踏み込み、右ひざをキックインしながら腰を回します。これが、切り返しにおける下半身の動きです。胸が右を向いて方向を変えずに、下半身リードで切り返すことがポイントでした。

では、切り返しのとき、腕とクラブはどのように動くのでしょうか。

第一に重要なのは、腕とクラブは、身体の回転によって勝手に「身体に巻きついてくる」ということです。最適な例は「でんでん太鼓」。持ち手を回転させることで、太鼓に結わえられたひもが巻きつくように動き、その先端の玉が太鼓を叩く。身体の回転軸が持ち手、腕とクラブがひも、玉がクラブヘッドのイメージです。絶対に、自分で腕を振ってはいけません。

よく「クラブを上げて、下ろせばいいんだ」といういい方をしますが、大間違いです。「上げて下ろす」動きは、第1章で指摘した農耕民族が畑を耕すときの鍬の使い方と同じ。腕を振り下ろしているだけで、身体のパワー（ねじりのパワー）をまったく使えていません。意識は鍬の先端を振り下ろすことだけに集中され、身体の動きなど考えてもいないでしょう。

ゴルフスイングにも「助走」がある！

私は、ゴルフスイングには、もっと「助走」が必要だと考えます。

右肩から動き出すようなスイングをしていたら、いつまで経ってもスライスは直りません。腕は振るものではなく、身体の回転に引っ張られて振ら**れ**る**も**のなのです。

そのためには、左足かかとを踏み込み、右ひざをキックインしながら腰を回すと同時に、もう一つの動作が必要になってきます。それが、「クラブの倒れ込みと落下」です（図6－4）。

クラブの倒れ込みと落下——。日本のゴルフレッスンでは、あまり聞きなれない言葉だと思います。

この「クラブの倒れ込みと落下」も、G1メソッドを完成させるには欠かせない要素の一つです。上体が開かないように下半身リードで切り返して、ヘッドの重みを感じながらクラブが身体に巻きつくように落下させて、インサイドからゆるい入射角でインパクトに向かうポジションへ導くのです。

「裏面ダウン」とはなにか

「クラブの倒れ込みと落下」のポイントとなるのは、右手の使い方です。

先述したように、バックスイングで左腕が地面と平行になるポジションになると、いったんは地面に対して垂直に立ったクラブは、ヘッドの重みで右肩の上に倒れ込んでいきます。このとき、右腕はクラブの倒れ込みを利用しながら、掌屈《しょうくつ》、回外《かいがい》、内転という三つの動作を同時におこないます（図６－５）。

掌屈は手首を手のひら側に曲げる動き、回外は腕を外側に回転させて、手のひらを上向きにする前腕部の動き、内転はひじを身体の中心線に寄せる動きのことです。

クラブの倒れ込みを利用しながら、この掌屈、回外、内転という三つの動作を同時におこなうと、クラブヘッドは自分から見て時計回りに、裏面を地面に向けながら回転していき、ハーフウェイダウンではクラブフェースが上（空）、裏面は下（地面）を指します。

ダウンスイングにおけるこの動きを、Ｇ１メソッドでは「裏面ダウン」とよんでいます。「裏面ダウン」も、Ｇ１メソッドの重要なキーワードの一つです。

6-4

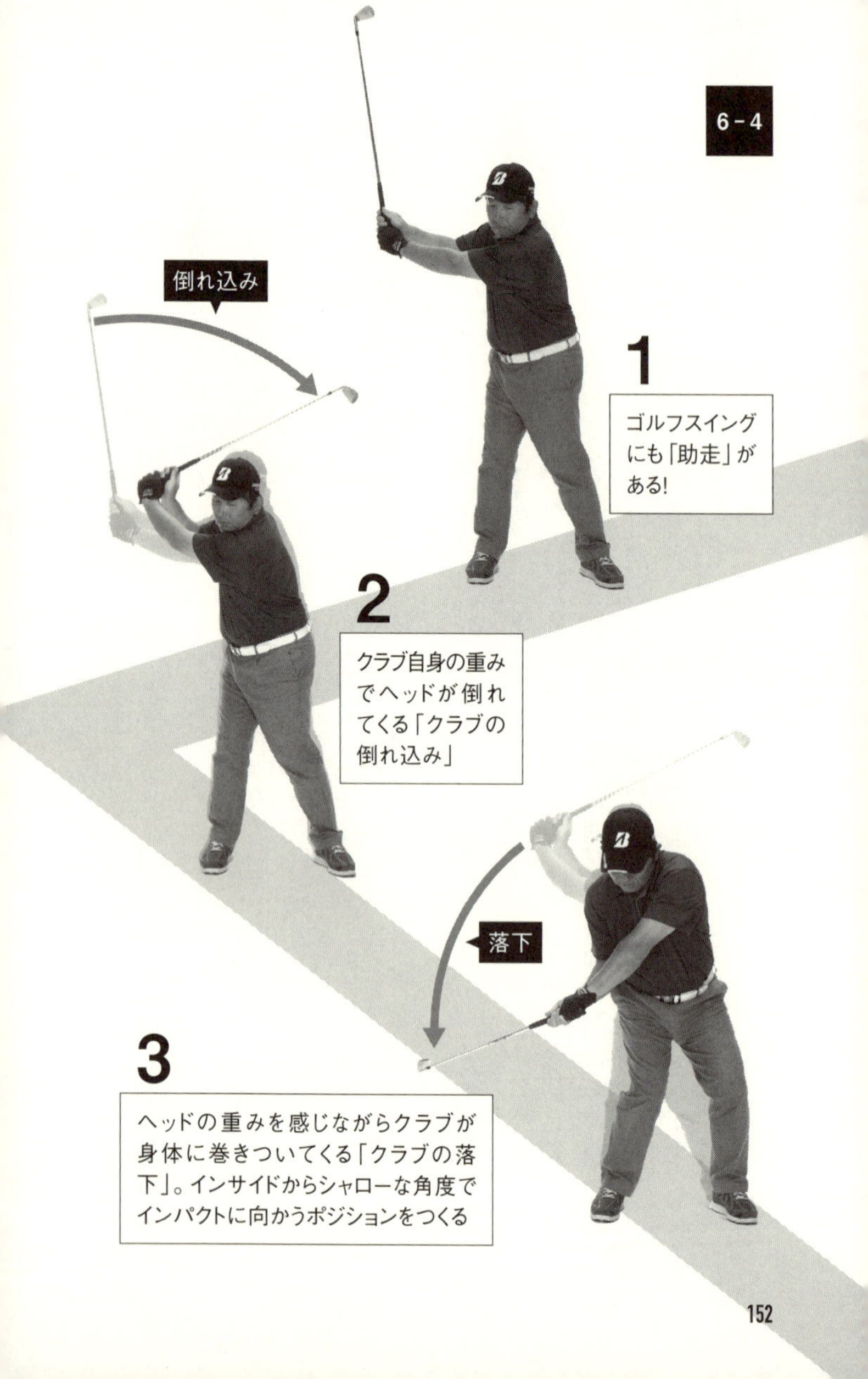
倒れ込み
落下
1
ゴルフスイングにも「助走」がある!
2
クラブ自身の重みでヘッドが倒れてくる「クラブの倒れ込み」
3
ヘッドの重みを感じながらクラブが身体に巻きついてくる「クラブの落下」。インサイドからシャローな角度でインパクトに向かうポジションをつくる

倒れ込み
1
飛球線後方から
見た「助走」
2
飛球線後方から
見た「クラブの
倒れ込み」
落下
3
飛球線後方から見た「ク
ラブの落下」。このポジ
ションが「裏面ダウン」

6-5

1

「クラブの倒れ込みと落下」成功のカギは、右手の使い方にあり!
手首を手のひら側に曲げる「掌屈」

2

前方に出した手を外側に回転させ、前腕部の手のひら側を上向きにする「回外」

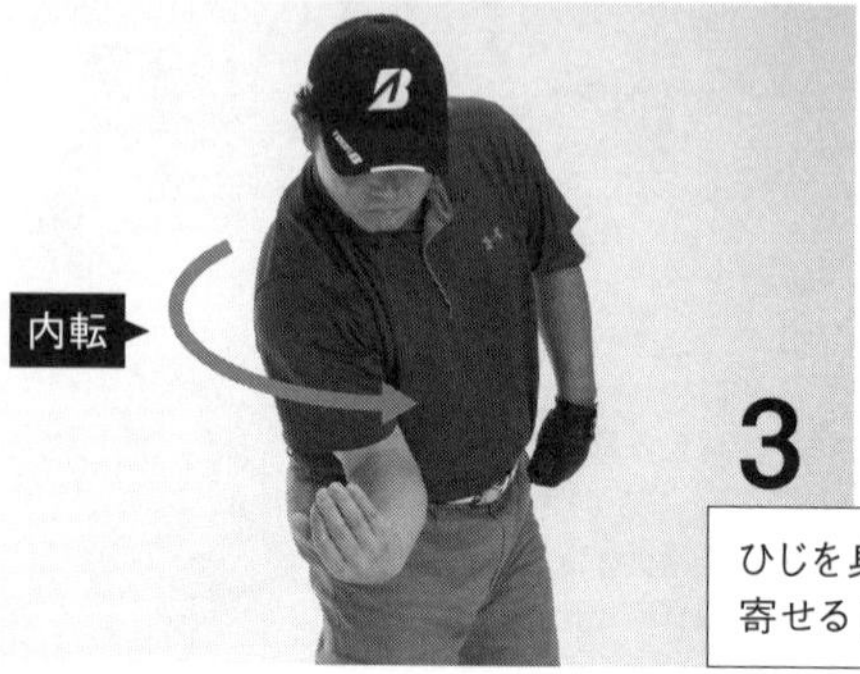

3

ひじを身体の中心線に寄せる「内転」

６-３　右腕をどう使うか――スイングの質を向上させる方法

日本人ゴルファーに多い「出前持ちトップ」の難点

もう少し詳しく、右手の使い方を説明しましょう。

まず、トップのポジションにおける手のひらの向きが重要です。多くのゴルファーは、トップで手のひらが上（空）を向いています。いわゆる「出前持ち」のトップです。

手のひらを上に向けた「出前持ちトップ」からクラブを下ろそうとすると、右ひじを内転させづらく、右ひじが身体の前に入ってこないため、必ず手が遅れます。身体構造上、しかたのないことです。

すると、手の遅れを取り戻すために、身体の回転を止めて自分で手を振り、ボールに合わせようとします。クラブヘッドは、反時計回りに少しずつフェースを立てながら回転していき、ハーフウェイダウンでは、フェースが正面（胸側）を向きます。これが、日本のほとんどのゴルファーがやっているスイングです。

日本のレッスンでは、そのまま身体を回転しつづけると手が遅れてしまうので、「身体を止めてヘッドを走らせろ」と教えているところもあるようです。

最近は、トップでは手のひらを上に向けて、クラブヘッドが飛球線の左を指すレイドオフのポジションをとり、そこからスイングプレーンに沿ってクラブを下ろそうとしている人をよく見かけます。しかし、このスイングではクラブの重さを使えないので、ハーフウェイダウンから腕を返してパワーを出すしかありません。

「五木ひろし」が役に立つ

「出前持ちトップ」から始まって、ハーフウェイダウンで腕を返してパワーを出そうとするのは、右手の使い方が間違っているのです。

トップでは右手首をやや掌屈させ、手のひらが正面（胸側）を向くのが正解です（図6－6）。こうすれば、右ひじが内転しやすく、身体の前に入ってきやすいので、手が遅れません。

G1メソッドでは、この右手の動作を「ひろし」とよんでいます（図6－5参照）。ご年配の方にはピンと来た人もいらっしゃるかもしれません。歌手の五木ひろしさんが『よこはま・たそがれ』のサビの部分を歌うときの右手のポーズです。あのポーズの右手の振りが、G1のトップからダウンに入るところ、すなわち切り返し時の右手の使い方にそっくりなのです。

切り返しで「ひろし」のポーズをとると、右手首が若干掌屈し、そこから右腕の前腕部を回外しながら、右ひじを身体の前に入れていきます。この右ひじの使い方を、野球では「ピッチエル

6-6

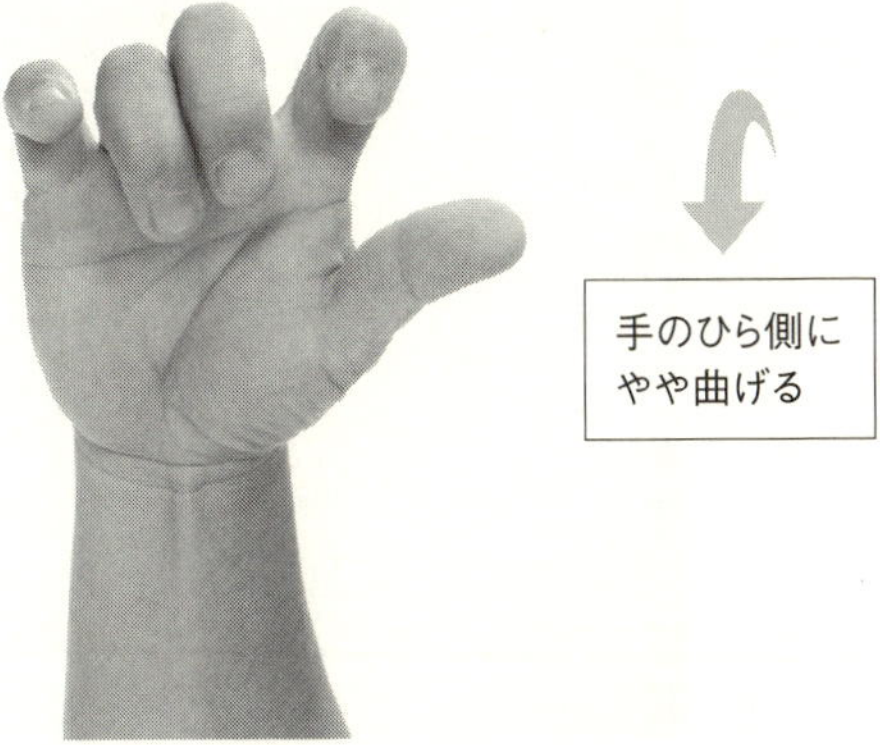

世界標準のスイングでは、トップのポジションで手のひらが正面（胸側）を向く。右手首をやや掌屈しているのが正解。
このポジションで手のひらが上（空）を向く、いわゆる「出前持ちトップ」は大間違い！

トップのポジションで、手のひらが正面（胸側）を向いてクラブを握った状態。この形からスイングをおこなうと、クラブの重さを十分に使ったインパクトが可能になる

ボー」とよびます。野球のピッチャーがサイドスローでボールを投げる形に似ています。

実際、優れた投手はこれと同じような手の使い方をしています。大谷翔平選手のピッチングフォームを見てみてください。

ボールを握った手が顔の横に来たとき、手のひらが顔のほうを向き、手首がやや掌屈していま す。この形ができると、自然とひじが先に出てきて、手が遅れることはありません。自分で手を振ろうとしなくても、肩→ひじ→手の順番で前に出ていくので、手先は自然と加速していきます。投手の手先をクラブのヘッドに置き換えれば、なぜこのような右ひじの使い方が優れているかが、よく理解していただけると思います。

一方、手が顔の横に来たときに手のひらがキャッチャーの方向を向いている投げ方を、「女投げ」といいます。女投げはひじが前に出にくく、ひじと手が遅れて出てくるので、自分で力を入れないと手先を加速できません。要するに、砲丸投げの投法と同じです。そのため、肩やひじを壊す原因になります。「出前持ちトップ」からのスイングが、これに該当します。

「落とした卵をキャッチする」感覚

それでは、「ひろし」や「ピッチエルボー」のような右ひじの使い方は、どうすれば体得できるでしょうか?

6-7

掌屈、回外、内転の三つの動きを同時におこなう感覚を身につけるトレーニング。
①まず、クラブの倒れ込みが始まるポジションで生卵（ボールでもOK）をもつ
②ボールを真下に落とし、手のひらの上でキャッチする。「クラブを落下させる」感覚がつかめる

感覚をつかむための、簡単な方法があります。用意するのは生卵1個だけ。

まず、右手で生卵をやさしく握り、右耳の横に持っていきます。卵の重さを感じながら右半身を沈ませて、ひざの高さまでストンと真下に落とし、手のひらの上でキャッチしてみましょう（図6－7）。

この動作をおこなうと、右手首の掌屈、右腕前腕部の回外、右ひじの内転の三つの動きがしなやかに起こります。こんどは、ゴルフボールを持って、同じ動きをやってみてください。右手を柔らかく使って、掌屈、回外、内転という三つの動きを同時におこなわないと、ボールをうまくキャッチできません。何度も繰り返して、掌屈、回外、内転の三つの動作を同時におこなう感覚を身につけてください。

ニクラウス時代の古いスイング

クラブの重さを感じて右手首の掌屈、右腕前腕部の回外、右ひじの内転をおこないながら、右腰の下までクラブヘッドを落下させると、右ひじは、身体の斜め前、右脇腹の前方に入ってきます。このとき右手のひらは上（空）を向きます。手のひらが上を向くのも、重要なポイントです。ちょうどプロレスの空手チョップをするようなイメージです。

川や湖に石を投げて、水面で石をジャンプさせる「水切り」遊びをしたことがある人も多いで

6－8

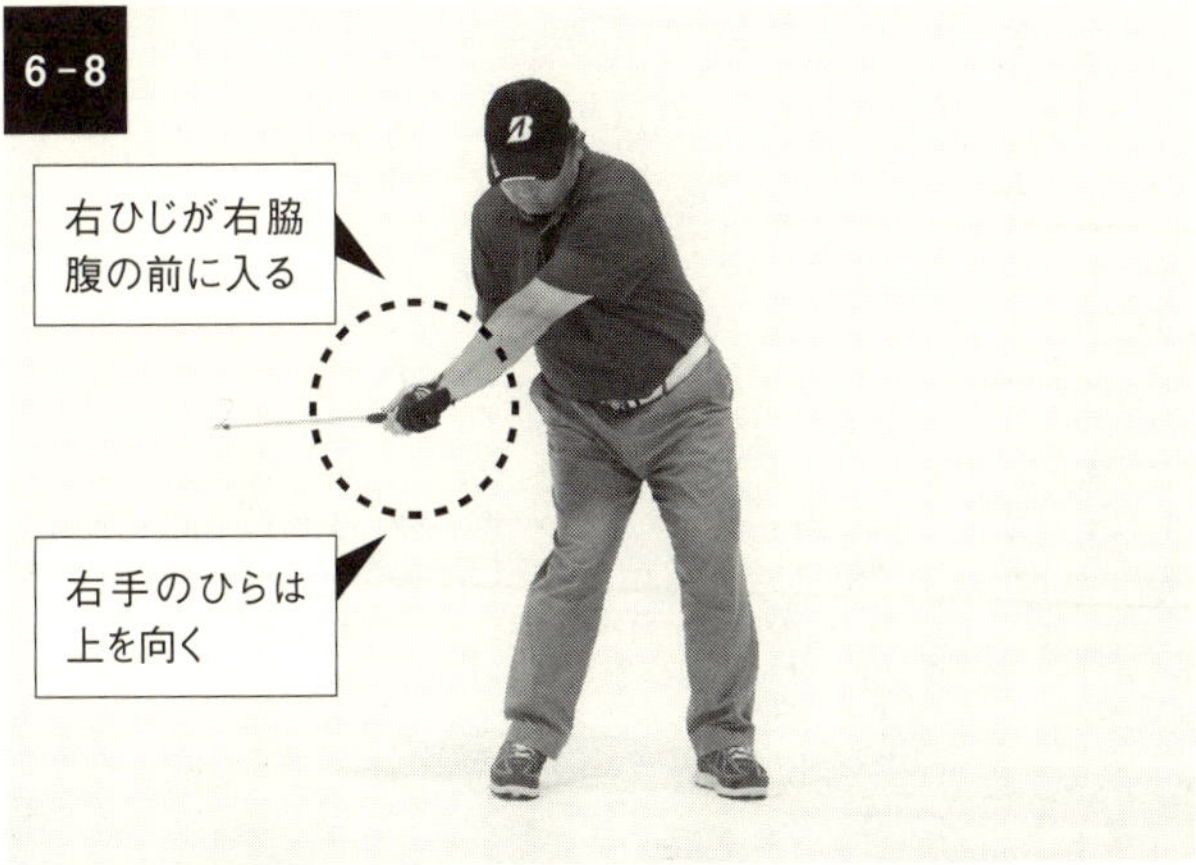
右ひじが右脇腹の前に入る
右手のひらは上を向く

1

「空手チョップ」のイメージで回転に入っていく。水面で石をジャンプさせる「水切り」もこれと同じ動きだ

2

スイング中、右手はつねに左手の下側にある

しょう。回転に入る直前の動きは、この水切りの投げ方にも似ています（図６－８）。

水切りをするときは、右腕を時計回りに回転させて右手のひらを上（空）に向け、右ひじを身体の前に入れてきます。水面に石が入射する角度をなるべく緩やかにするために、身体を沈みこませ、リリースポイントを低くする点も、Ｇ１メソッドのスイングと同じです。

かつて「ゴルフの帝王」とよばれたジャック・ニクラウスが活躍していた時代には、「右ひじは体の右側面に下ろす」と教わったものでした。そのため、現在60～70代のゴルファーには、ダウンスイングで右ひじを体側につけて振っている人を非常に多く見かけます。

しかし、この右ひじの使い方では、クラブが体に巻きついてくれません。シャフトが立って下りていくため、手首でクラブをキャスティングする動きを誘発してしまうのです。

クラブを身体に巻きつかせて振るためには、左腕の使い方にもコツがあります。右手のひらが上（空）を向き、右ひじが右脇腹の前に入ってきたとき、左腕は反対に、左手の甲が上（空）を向き、左ひじは体の正面（胸側）を向きます。左ひじはまっすぐに伸び切らず、少し曲がった状態です。左腕はこの形を保ったまま、インパクトに向かいます。右腕同様、プロレスの空手チョップをするようなイメージです。

この両腕の動きが同調すると、クラブヘッドが背中側（後ろ側の世界）にある状態が保たれ、クラブが身体に巻きついたままインパクトに向かうことができます。左ひじを地面に向けてダウンスイングするとクラブが立ってしまうため、クラブが身体に巻きついてくれません。これもまた、手首を使ってクラブをキャスティングする「手打ち」になってしまいます。左ひじは必ず正面（胸側）に向けて少し曲げ、余裕をもたせるようにしてください。

古くて新しい「まーるく振る」スイング

現代の世界標準である、身体を回転させて「まーるく振る」スイングでは、右ひじは必ず、身体の右斜め前に入ってきます。じつはこの形は、ジャック・ニクラウスよりもさらに前の時代に活躍したベン・ホーガンの右ひじの使い方にほかなりません。

面白いことに、ジャック・ニクラウスよりもさらに時代を遡《さかのぼ》るベン・ホーガンの右ひじの使い方のほうが、現代のクラブにマッチしているのです。

右ひじの使い方だけではありません。じつをいうと、ベン・ホーガンのスイングは、あらゆる面で現代のクラブの設計・構造にマッチしています。ベン・ホーガンこそが理想のスイングの持ち主であり、最高のお手本であると考える所以《ゆえん》です。

ベン・ホーガンの実際のスイング動画を初めて見たとき、私は衝撃を受けました。ダウンスイングでシャフトが身体に巻きつき、ものすごいスピードで回転して打っていたのです。それこそまさしく、いまの時代に最高のものとして私が追い求めていたスイングでした。

それ以降は、ことあるごとにベン・ホーガンのスイングを確認するようにしています。私にとって最高のスイングモデルはベン・ホーガンであり、最高の教科書は、そのベン・ホーガンの唯一の弟子であるジョージ・ヌードソンが遺《のこ》した『ナチュラル・ゴルフ』なのです。20年以上前に渡豪して以来、それはいまも変わりありません。

正しい「裏面ダウン」とは?

右ひじの使い方に話を戻しましょう。

繰り返しますが、右ひじは、「身体の横」には落としません。ベン・ホーガンのように「身体の右斜め前方」に入れてきます。

ダウンスイングでグリップを真下に落としてはいけません。身体が回転している最中にグリップを真下に落としてしまうと、クラブの重心がかなり後ろに移動してしまいます。これではスイングにブレーキをかけることになってしまい、身体のねじりによって生まれたパワーをロスしてしまいます。

グリップではなく、クラブの重心位置を真下に落とすのが、正しい「裏面ダウン」です（図6-9上）。そのためには必ず、シャフトの途中にある重心位置を支点にクラブを倒すようにします。グリップを支点にしてクラブを倒すと、クラブの重心が後ろに移動してしまいます。

6-9

クラブの重心位置を確認し、真下に落とす感覚を養う。これができれば、正しい「裏面ダウン」につながる

クラブの重心を真下に落とすと、右ひじが右脇腹の前方に入り、グリップが身体の前に出る。これが、デリバリーポジションでの正しいグリップの位置だ

その感覚をつかむには、シャフトの真ん中を右手に持ち、手のひらを上に向けて、そのまま落としてみてください。これが、重心を変えずにクラブを落下させた状態です。そのとき、クラブの「グリップ」はかなり身体の前にあるはずです。これがデリバリーポジションでの正しいグリップの位置です（図6－9下）。

右ひじが右脇の前方に入り、手元（グリップ）が体の前に出て、クラブヘッドが飛球線に対して斜め45度後方を指します。

6-4 下半身の使い方――右腕と連動させてパワーを生む方法

「クラブの重み」で低い姿勢をつくる

右ひじの動きと連動して、下半身が少しだけ沈みこみます。クラブの重みを感じ、落下を妨げないようにすると、自然と右半身も少しだけ沈みこむはずです。

低い姿勢になったほうが、よりボールにパワーを伝えることができます。重い扉を開けるとき、あなたならどうしますか？

突っ立った状態で手だけで扉を開けようとしても、重い扉はなかなか動いてくれません。下半身を沈みこませて低い体勢になり、腰を入れてからだ全体の力を使って開けようとするはずです。そうすれば、右のお尻のパワーも使えますし、左足も踏み込めるので、一気に扉を開けることができます。

ゴルフスイングも、力の使い方はそれと同じです。

トップでは胸の面を開かずに、右ひざをキックインしながら少し身体を沈みこませ、低い体勢になったほうが、よりからだ全体のパワーを使えますし、低くて長いフォローになるので、インパクトの後もボールをフェースに乗せている時間が長くなります。すなわち、32ページで説明した力積が大きくなるのです。

「ヘッドをグリップより低くする」イメージを持つ

この沈みこみの動きは、空手の瓦割りの動きによく似ています。

空手の瓦割りをご覧になったことがありますか？　右手で瓦を割るときは必ず右ひざをキックインし、身体を沈みこませています。右ひざをキックインすると、右足の親指（母趾球）がグッと地面にめり込む感覚が生じ、右足土踏まずにエッジがかかります。

瓦割りでは、その右サイドの押し込みを、左ひざを正面に向けてしっかりと受け止めるのです。ゴルフの足の使い方も、それとそっくりです。

ただし、空手とは腕の使い方が違います。

自分で拳を落とす空手とは異なり、ゴルフでは自分でクラブを下ろすことはしません。腕は、あくまでクラブの重みを感じながら落ちていきます。そうすると、グリップが最下点まで落ちてきたとき、クラブヘッドはグリップよりもさらに低くなります。クラブヘッドをひざ下の高さまで落とすイメージです。

もちろん、これはあくまでも、理想的なスイングを体現するためのイメージです。実際のスイングでは、クラブヘッドはほぼスイングプレーンに沿って下りてきます。しかし、スイングプレーンに沿ってクラブを下ろそうとすると、ヘッドは間違いなくスイングプレーンをはずれます。ひざ下までヘッドを落とすことをイメージすることで初めて、スイングプレーンに乗ってくるのです。

「フェースを反時計回りさせる」間違い

このとき、グリップは右手のほうが下になり、右の手のひらとクラブのフェースは上を向きます。ヘッドの重みによって、ヘッド側が垂れた状態です。

対照的に、右手が上になるとクラブが立ってヘッドの位置が高くなり、フェースは正面を向きます。この位置から回転すると、右脇が開いて、手を使ってボールに合わせにいくことになります。フェースはインパクトに向けて反時計回りで回転し、さらに閉じていきます。

繰り返しますが、G1メソッドでは、クラブヘッドは自分から見て時計回りで回転します（図6-10）。ところが、日本のほとんどのゴルファーは、反時計回りにクラブヘッドを回転させて、ボールを包み込もうというイメージを持っています。

「ボールがつかまる」という表現がありますが、ボールを包み込むようにフェースを閉じていき、インパクトをするのが正しいと誤解しているのです。大きな勘違いです。

「ハーフウェイダウンでは、背骨の前傾角度とフェースの前傾角度をそろえ、胸とクラブフェー

裏面ダウンまでは、クラブヘッドは（自分から見て）時計回りで回転する。その後は右手首がつねに下側にあり、クラブヘッドは回転しない

「ボールを包み込もう」というイメージが強いほとんどの日本人ゴルファーは、反時計回りにクラブヘッドを回転させてしまう。これは絶対にNG！

スが同じ方向に向くようにする」と教えるレッスンもあると聞きます。しかし、クラブの構造を考えれば、そんなことは絶対にしません。ハーフウェイダウンではフェースが上（空）を向いているのが、クラブの構造上、正しいスイングなのです。

ゴルフクラブは、そう使うように設計されています。

「クラブの重さを感じながら落とす」感覚を養う

切り返しモーションは、手でクラブを下ろすのではなく、重力で落下しようとするクラブのスピードに合わせるので、じつはきわめて静かな動きになります。

ブランコを押すとき、急激に強い力を加えるとバランスを崩して、ギクシャクした動きになってしまいますよね。でも、ブランコが重力で落ちてくる動きに合わせて、そっと背中を押してあげるとスムーズに加速します。

G１メソッドの「裏面ダウン」も、これとまったく同じです。自重で落下し、重力加速していくクラブをそっと押してあげるイメージです。

野球のバッターも、いいバッターほど上半身はとても静かです。

しかも、「助走」が長くてゆっくり。自分の間合いまでボールをよび込み、最短距離でボールを捉えます。上半身に力みを感じさせず、静かにボールを待っていて、スッとバットが出てきたと思ったらホームラン。そういうシーンをよく見かけませんか?
ゴルフも、まったく同じなのです。好打者がホームランを打つイメージで、切り返しを静かにおこなってほしいのです。

本章で詳しく見てきたように、世界標準の切り返しは、ゆっくりとした三つの同時モーションがカギを握っています。

①左足かかとの踏み込み、②右ひざのキックイン、そして、③クラブの倒れ込みと落下――。

クラブが自重で落下するスピードに合わせて、この三つの動きを同調させるのです。いままでビュンビュン振っていた人には、まるでスローモーションで振っているように感じられるかもしれません。そのくらい、クラブの重みをしっかり感じて、慌てず、ゆっくりおこなうようにしてください。

実際、私がスイングしていても、クラブが落下するまではものすごいスローで動いている感覚があります。クラブを振るのはそこから先です。クラブを振る前に、ゆっくりとした「助走」が必要なのです。

左足かかとの踏み込み、右ひざのキックイン、クラブの倒れ込みと落下。
この三つの動きを同調させてスムーズにできるまで、ゆっくりと、スローモーションで、繰り返し何度も練習していただきたいと思います。

第7章

世界標準のスイング②

──成否を分ける最重要ポイントはどこか

7－1 「低く、まーるく」振る「SRゾーン」とはなにか

「4時半から7時半」を重視せよ

「クラブの倒れ込みと落下」について解説した前章では、G1メソッドにおける重要なキーワード「裏面ダウン」をご紹介しました。

裏面ダウンによってクラブが最下点まで落下したとき、「頭上時計」でクラブのポジションを見ると、クラブヘッドは時計の4時半あたりを指しています。飛球線から右後方、約45度の方向です。

「4時半のポジション」は、次の方法で簡単に確認できます。

まず、両手でグリップしたら、手を頭上に挙げ、身体の左側から頭越しにシャフトの内側で背中をなめまわすようにクラブを回します。その状態からヘッドを垂らしたまま、グリップを身体の右側に回し、右ひじを右の脇腹のところまで抜いてくると、クラブヘッドは「頭上時計」の4時半の方向を指しているはずです。これが、G1メソッドにおける4時半のポジションです（図7－1）。

G1メソッドでは、「頭上時計」における4時半のポジションから始まって、クラブヘッドが

7-1

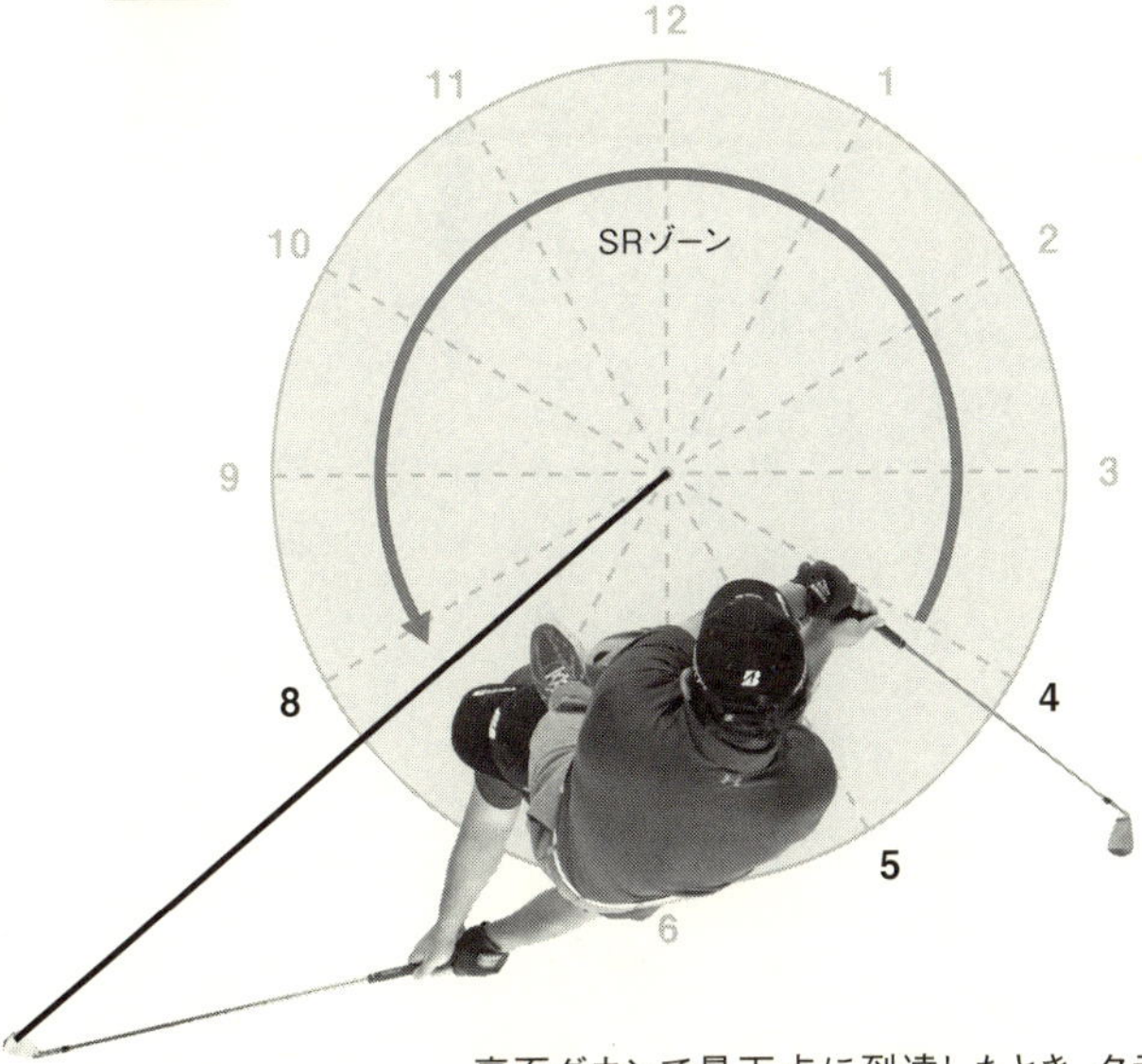

裏面ダウンで最下点に到達したとき、クラブは
「頭上時計」で4時〜4時半のポジションにくる

7時半まで動く範囲を、「SRゾーン」とよんでいます（図7－1参照）。「SRゾーン」の「S」は「Shallow（シャロー）＝浅い」の「S」、「R」は「Round（ラウンド）＝丸い」の「R」です。スイング中で、最も低く、まーるくクラブを振りたいのがこのSRゾーンなので、そのように名づけました。

スイング中で最も重要な270度

一般に、インパクト前後のゾーンは「デリバリーゾーン」、あるいは「ビジネスゾーン」とよばれています。どの名称でよぶかはともかく、このゾーンで一貫した動きができないと、ゴルフの上達は望めないといわれています。私もまったく同感です。

ただし、G1メソッドにおける「SRゾーン」と、「デリバリーゾーン」、あるいは「ビジネスゾーン」とでは、考え方に少し違いがあります。

一般的には、アドレスした状態を正面（胸側）から見て、ダウンスイングでシャフトが地面と平行になったポジション（「正面時計」でいう9時）から、フォローで再度、シャフトが地面と平行になるポジション（同じく「正面時計」で3時）までを「デリバリーゾーン（ビジネスゾーン）」とよぶことが多いようです。

G1メソッドでは、このゾーンでのクラブの動きを「正面時計」で見ることはしません。「頭上時計」から見たときのクラブの動きで、ゾーンを決めています。つまり、「デリバリーゾーン（ビジネスゾーン）」がクラブの縦方向の回転を見ているのに対し、G１メソッドでは、クラブの横方向の回転を見ているわけです。

そして私は、クラブが「頭上時計」で見て4時半から7時半まで、すなわち、回転角にして270度動くSRゾーンこそが、本当の意味での「デリバリーゾーン（ビジネスゾーン）」であると考えています。この約270度の範囲を、「低く、まーるく」振りたいのです（図7－2）。

私自身はやや身体が硬いため、裏面ダウン時のクラブヘッドは4時10分あたりを指しています（図7－1参照）。しかし、イメージとしてはクラブヘッドが4時半を指すようにクラブを落とします。実際のスイングでは、裏面ダウンと同時に身体が回り始めているため、4時半にクラブを落とす意識がないと、4時のポジションにクラブが下りてこないからです。

また、4時半という数字も、あくまで平均的な数値にすぎません。身体にどれだけ柔軟性があるかによって、個々人におけるSRゾーンの角度は変わってきますが、最低でも4時から8時までの240度程度は「低く、まーるく」振れるようにしたいところです。

なかには、クラブヘッドが6時を向くぐらいクラブが身体に巻きついて出てくる感覚の人もいます。PGAツアー屈指の飛ばし屋であるキャメロン・チャンプや、「神の子」の異名をもつセルヒオ・ガルシアなどのスイングを思い浮かべてみてください。クラブが身体に巻きつき、背中

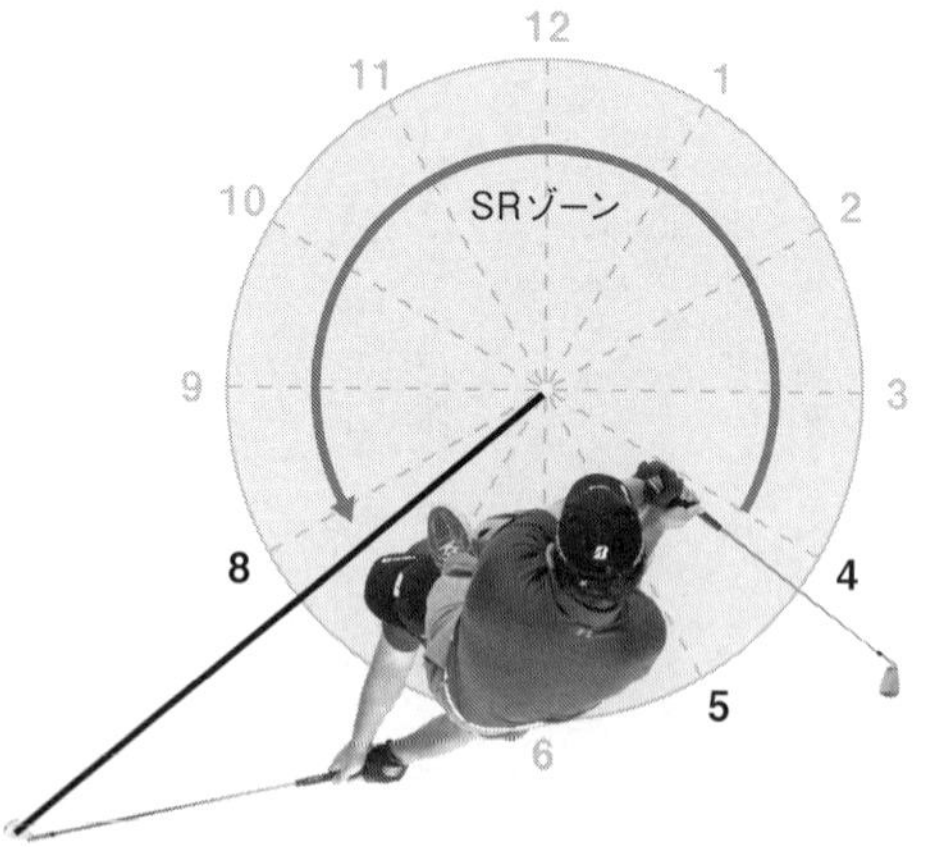

「SRゾーン」
＝真のデリバリーゾーン（ビジネスゾーン）の範囲を「低く、まーるく」振る

からヘッドが出てくるような気がしませんか。そういうゴルファーにとってのSRゾーンは、4時半から7時半の270度よりずっと広くなります。

つまり、それだけ「助走」のあるスイングをしているというわけです。そういう人にとっては、6時から7時半の315度が、SRゾーンに相当します。

SRゾーンでは、腕を返す動きはいっさいおこないません。右手が下で、クラブヘッドが背中側（後ろ側の世界）にある状態のまま、身体を積極的に回転させてボールを打ちます。

そういう意味では、G1メソッドにおけるインパクトは、4時半のポジションですでに決まっているといっても過言ではありません。あとは、身体を回転させれば勝手にボールに当たります。

換言すれば、自分で意図して手を使うのは、4時半のポジションまで。以降は、身体の回転と身体さばきでボールをかっさらう感覚で打つことになります。

7-2 エネルギーを最大限に活かすスイング

位置エネルギーを回転エネルギーに変える

4時半のポジション以降、クラブヘッドを直線的に動かすことはいっさいありません。「低く、まーるく」振ることだけに、意識を集中します。

このことを体感するには、「手渡しドリル」が効果的です。

まず、右手でグリップの先端部分をもったら、身体の正面にクラブをもってきて、手のひらを上に向けて腰の高さまで持ち上げます。その状態をキープしたまま、胸が飛球線後方に向くまで上体をねじったら、遠心力を感じながら身体の回転でクラブを反時計回りに動かしていきます。

そして、右手が身体の正面に戻ってきたら、前に出していた左手にクラブをバトンタッチ。身体の回転と一緒に左手に持ったクラブを動かします。このとき、左手が背中側＝「頭上時計」の6時、グリップエンドが12時を指すところまで回ればOKです。正しく身体が回転し、クラブヘッドもそれに連動してまーるく振られています。

反対に、グリップが腰の後ろまで回っていなければ、まーるく振ったことにはなりません。右手から受け取ったクラブを左手でターゲット方向に出そうとすると、腕がその方向に引っ張られ、バランスを崩してしまいます。

次に、バランスをとりながら回転するタイミングをつかみましょう。両足をそろえて立ったら右足を一足分前に出し、左足のつま先の位置と右足かかとのラインをそろえて同じ動きをしてみてください。足を開いているときでさえバランスがとりにくいのに、足を前後にしたら肩の回転がちょっと早いだけでバランスを崩してしまいます。

回転をスタートさせるタイミングは?

右足の太もも付け根の上で体幹を捻転させた後、胸が開かないように左足を踏み込むと同時に右ひざをキックイン。裏面ダウンでクラブヘッドが「頭上時計」で4時半を指すインサイドアタックポジションに持ってくるまでは、車でいうローギア発進の状態です。

この時点ではまだ、上半身は回転していません。体幹がねじられ、胸はまだ右斜め後方を向いたままの状態を維持しています。

右ひざがキックインされるのと同時に、下半身が逆方向に動くため、上半身と下半身の捻転差、すなわちXファクターは最大となり、左胸の胸郭が左脇の下に入ってきて、左脇の後ろ側がグッと締まります。

ギアアップして身体全体の「回転」がスタートするのは、まさにこのタイミングです。捻転差が最大となり、脇の締まりを感じたら、一気に上半身を回転させて、背骨を軸に背中をクルッと入れ替えます。

この、上半身を回転させるタイミングが早いと、右肩が突っ込んでしまいます。イメージとしては、クラブが右ひざの下まで落ちてから、回転をスタートするようにしてください。そんなに遅いタイミングで大丈夫かと不安になる方もいらっしゃると思いますが、その瞬間まで待ってから回転を始めても、十分に間に合います。

これもまた、理想のスイングを実現するための身体動作のイメージであり、実際には、4時半のポジションから回転がスタートするわけではありません。すでに裏面ダウンの途中で、下半身の回転は始まっています。実際にクラブを落としてから回り始めたのでは、クラブの落下エネルギーが使えません。クラブが落下している最中に回転を始めることによって初めて、3方向からの力がクラブに働き、クラブのうねりが発生します（図7-3）。

重要なのは、身体を回転させる方法です。回転のさせ方を間違えると、正しい軸回転ができません。

G1メソッドでは、必ず「両足の真ん中」で回転します。正面から見て背骨の角度が約15度右に傾いた状態から両足の真ん中でクルッと回転し、徐々に左足に体重を移していきますが、このとき、両足の真ん中で回転すると軸がブレることはありません。

7-3

1

裏面ダウン＝「頭上時計」で4時半のポジションまで、クラブを垂直に落下させるイメージをもつ

2

回転を始めるタイミングがくるまでは、垂直に落下させるイメージを持ち続ける

3

垂直に落下してきたクラブヘッドがひざ下まで下りてきた、まさにその瞬間に回転スタート！

4

位置エネルギーを回転エネルギーに変えながら、「低く、まーるく」振っていくクラブには、「うねり」が生じている

これが、「軸回転」です。身体の真ん中で回転せずに左足に乗っていこうとすると、ピボットアウトの状態になり、身体が突っ込んでしまいます。

「古いクラブの打ち方」をやめましょう

学生時代は私も、背中をターゲット方向に向けたまま、左腰を目標方向にぶつけるようにスライドさせて打っていました。このような腰の動きをバンプとよびますが、「ダウンスイングでは身体をねじったまま腰をバンプさせろ」と教えられたものです。

バンプを使うこの打ち方は、「ホーゼル」が長い昔のクラブにはマッチしていました。ホーゼルとは、クラブヘッドとシャフトを接合する部分のことです。ホーゼルが長いクラブは、シャフトの中心線からクラブフェースの重心までの長さを意味する重心距離が短く、フェースを返しやすいという特徴があります。そのため、フェースの操作性が高く、上からボールを包み込むように打つことができたのです。

しかし、いまのクラブは、以前に比べてホーゼルが短く、重心距離が長くなっています。ホーゼルが短いクラブで従来どおりの打ち方をすると、フェースが戻り切らず、ボールは右に飛び出します。右に行くのを嫌がって手を返すと、こんどはフェースが被ってチーピンに……、という具合に打球の方向が安定しません。

クラブが進化すれば、スイングも変化します。遠心力を感じて、両足の真ん中で回転して打つのが、いまのクラブにマッチした世界標準のスイングです。両足の真ん中で回転すれば、軸がブレることはありません。現在の主流となっている重心距離の長いクラブは、軸がブレるとすぐにミスにつながってしまいます。

7-3 どのように回転するか——ポイントは下半身の動き

下半身を引きつけよ

では、両足の真ん中で回転するためのポイントはどこにあるのでしょうか？

重要になるのは、「下半身の引きつけ」です。

切り返しの3点モーションで、右足母趾球の地面への押し込みによって右ひざがキックインされると、バランスをとるために左足の土踏まずの内側でエッジをかけて、その力に拮抗します。この、右足と左足が互いに押し合う動作が、「下半身の引きつけ」です。

下半身をしっかりと引きつけた状態で、左脇腹を後方（背中側）に切ると、左足土踏まずの上で身体が回転します。これが、G1メソッドにおける回転のメカニズムです。

試しに、両足をそろえて立ったら右足を一足分だけ前に出し、その状態でクラブを振ってみてください。ちょうど、体操で使う平均台の上で足を前後にして立って、スイングするようなイメージです。

このとき、下半身の引きつけがないと、上体がクラブの遠心力に引っ張られて、足元がグラグラします。これほど安定しない状態では、もし実際に平均台の上だったとしたら、すぐに落下してしまうでしょう。

次に、右ひざのキックインと左足土踏まずのエッジングによって、両足が押し合いへしあいしている状態をつくり、左脇腹を後方（背中側）に引いてみます。すると、身体がグラつくことなく、クルッときれいに回転することができます。

ダウンスイングで左ひざが伸びたり、横に割れたりする人がいますが、これでは正しい軸回転はできません。左ひざを正面に向けて、ひざの裏側が伸びないように踏ん張り、土踏まずの内側にエッジがかかっていないと、左脇腹を後方に切っていけません。

切るのは腰？　脇腹？

「腰を切る」という表現をすることがよくありますが、G1メソッドでは腰は切りません。

切るのは脇腹です。脇腹を後方に切りながら、クラブの重心落下、右前腕部の回外、右ひじの内転が同時におこなわれると、大胸筋が広がって肩甲骨がロックされた状態になります。肩甲骨がロックされることで、右肩の突っ込みを防ぎ、捻転差の利いた体幹中心の回転運動が可能になります。左足かかとの「頭上時計」で3時方向へのキックインと、肩甲骨の動きが同調して、腰が回転していくのが正しいスイングです。

この感覚を覚えるには、スタンス幅より少し広めの長さ、45㎝程度に切った板を挟んでスイングしてみるといいでしょう（255ページ「ドリル8」参照）。あるいは、ゴルフ練習場にあるマットの角などに左足の内側を押し当てて、左足のつま先が動かない状態にします。

その状態から左足かかとの内側を反時計回りの方向に押し、板やマットを押さえつけながら、左脇腹をグッと後ろに切っていきます。

実際にスイングするときも、両足のあいだに板を挟んでいる感覚を持ってください。両足で挟んだ板を反時計回りに一気に回すイメージです。右足の親指で地面をえぐる感覚といってもいいでしょう。

下半身の引きつけ（左右両足による押し合い）がそれくらいないと、下半身主導の回転はできません。上体だけで身体を回そうとすると、軸がブレて、身体が前に突っ込んでしまいます。

下半身の動きがつねに先行すること――。それが、世界標準のゴルフスイングの鉄則なのです。

7-4 回転にパワーを与える「うねり」

すべてのスポーツに共通する「身体の動き」

ゴルフにかぎらず、ボールを打ったりモノを投げたりするスポーツでは、身体を動かす順番＝シークエンスがきわめて重要です。

ボールを打ったり投げたりするときは、必ず「足↓腰↓胸↓腕」と、下から順に動いていきます。あらゆるスポーツで、その点に変わりはありません。

したがって、どんなスポーツでも、上手い選手、巧みな選手ほど、上半身を柔らかく使います。上半身の力が抜けてリラックスしていると、下半身の動きに引っ張られて、自然と正しいシークエンスで動作ができるからです。自分で腕を振って打ったり投げたりしようとすると、上体から動いてしまい、正しいシークエンスにはなりません。

ゴルフスイングも、まったく同じです。

両足を引きつけた状態で左脇腹を後ろに引き、両足の真ん中でクルッと回ることで、下半身からパワーが伝わり、正しいシークエンスで回転することができます。これが、Ｇ１メソッドにおける回転の作法です。

何度も強調してきたように、G1メソッドでは腕を返すことをいっさいおこないません。つねに右手が下の状態をキープしたまま身体をクルッと回転させ、低く、まーるい軌道でボールを打ちます。

しかし、単に腕と身体を一体化させて回転するだけでは、たいしたパワーはボールに伝わりません。確かにミート率は向上するでしょうが、ボールを遠くに飛ばすことはできないでしょう。

この課題をクリアするためにG1メソッドで使うのが、「うねり」という動作です。うねりながら回転することによって、ボールにパワーを伝え、まっすぐ遠くに運ぶことができます。

「うねり」は、身体のさばきとフットワークでつくり出します。「うねり」を生み出す動作もまた、G1メソッドに欠かせない作法の一つです。

ゴルフスイングにおける「助走」再考

「うねり」の動作を具体的に見ていきましょう。

切り返しでは、左足かかとの踏み込み、右ひざのキックイン、そしてクラブの倒れ込みと落下を同時におこなうことを前章で説明しました。このような動きをすると、クラブは裏面ダウンとなり、フェースの裏側を地面に向けて垂直に落下していきます。

クラブが最下点まで落下したとき、クラブヘッドは飛球線より45度右方向、「頭上時計」で4

時半の方向を指しています。これが、Ｇ１メソッドにおける４時半のポジションでした。

ここから身体を回転させて、低く、まーるく振るわけですが、ポイントは「フットワーク」にあります。垂直に落下するクラブの重みを下半身で受け止め、ひざを柔らかく使って右半身を沈みこませながら、回転していきます。すると、クラブの垂直落下からの連続した動きで、クラブが体に巻きついたまま回転することができます。

先に「ゴルフスイングには助走が必要である」と説明しました。その「助走」とは、クラブの「裏面ダウン」のことでした。クラブが垂直落下することで生まれたエネルギーをロスすることなく、そのまま回転につなげることによって、大きなエネルギーが生み出されるわけです。

クラブが身体に巻きつくスイング

フットワークについて、もう少し詳しく説明しましょう。

直径が腰幅の長さほどのサラダボウルが、両脚の太もも付け根の上に乗っている状態を想像してください。サラダボウルの上には、体幹が乗っています（図７‐４）。

その状態で両ひざを柔らかく使いながら、バックスイングで右足太もも付け根の「コマネチライン」を切り上げます。次に、ダウンスイングで沈みこみ、フォローでは左足太ももの付け根の「コマネチライン」を切り上げます。

腰幅くらいの直径のサラダボウルが、両足の太もも付け根の上に乗っているイメージ。体幹は、サラダボウルの上に乗っている

両ひざを柔らかく使いながら、バックスイングで右足太もも付け根の「コマネチライン」を切り上げる

ダウンスイングで沈みこむ。ポイントは、サラダボウルの底の形状を意識して、「Uの字」形にフットワークを使うこと

フォローでは左足太ももの付け根の「コマネチライン」を切り上げる。体幹がサラダボウルの上を滑るようになめらかに動き、下半身と上半身が時間差で回転すれば、クラブを身体に巻きつけたまま回転できる

すると、体幹がサラダボウルの上を滑るようになめらかに動き、下半身と上半身が時間差で回転します。この時間差が体幹のねじれを維持し、クラブが身体に巻きついたまま回転できるのです。

両ひざがつっぱったままでは、垂直落下からスムーズに回転につなげることができません。また、グリップがボールを追い越していかないとクラブヘッドがボールに届かないため、結局、グリップを支点として腕でクラブを振ることになります。繰り返し指摘しているように、Ｇ１メソッドでは、これを手打ちとよんでいます。

Ｇ１メソッドでは、クラブヘッドは背中側に残したままで、絶対に身体の前には出しません。ひざをバネのように柔らかく使って、垂直落下から連続した動作でクラブを巻きつけながら回転できると、手ではなく、足でボールをフェースに乗せて運ぶ感覚になります。

これが、「うねり」を使ったスイングです。

グリップとヘッドの位置関係は？

クラブを身体に巻きつけたまま、ま～るく振って下ろしてくると、右手首が甲側に背屈した状態がキープされます。そのため、インパクトの時点でもグリップがクラブヘッドに先行し、ハンドファーストの状態でボールを捉えることができます。両ひざのクッションが使えないと、グリップを支点にヘッドを前に出そうとしてしまうので、右手の甲が伸び、ハンドファーストでボールを捉えることができません。

ボールを打つのではなく、身体を回転させながらまーるく振って、目の前にある巨木の内側をすり抜けるイメージを持ってください（図7－5）。クラブを振るのではなく、抜くのです。

繰り返しますが、グリップを支点にクラブヘッドを前に出す動作は絶対にNGです。フォローでも右手は背屈したまま左手の下にあり、腕は返しません。

G1メソッドに基づくスイングがSRゾーンでおこなう動作は、腕を返すことではなく、重心位置を支点としたクラブの入れ替えです。SRゾーンでは、グリップ（手元）とクラブヘッドの位置が入れ替わるのです。

「頭上時計」でクラブヘッドが4時半を指すポジションのとき、飛球線の後方から見ると、グリップは身体の前（胸側）、クラブヘッドは身体の後ろ（背中側）にあります（図7－6）。右ひじが内転して身体の前に入ってくるので、グリップは右前腕部の長さだけ身体から離れ、かなり前方にある感覚になります。

ハーフウェイダウンで、右腰の横にグリップがある人をよく見かけますが、このポジションから身体を回転させても、クラブヘッドがボールに届きません。そのため、グリップを支点にクラブヘッドを前に出し、ボールを突きにいってしまうのです。

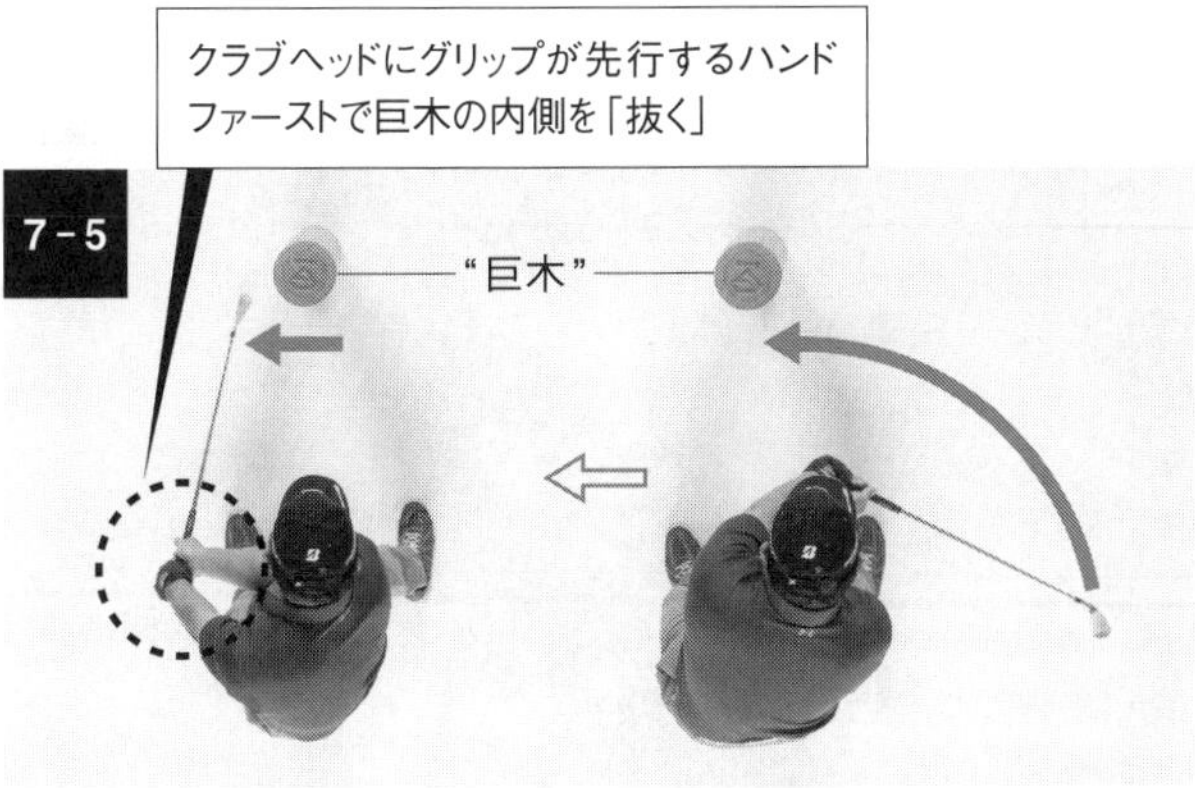

クラブは「振る」ではなく、「抜く」。身体を回転させながらまーるく振って、目の前にある巨木の内側をすり抜けるイメージでスイングすれば、ハンドファーストでボールを捉えられる

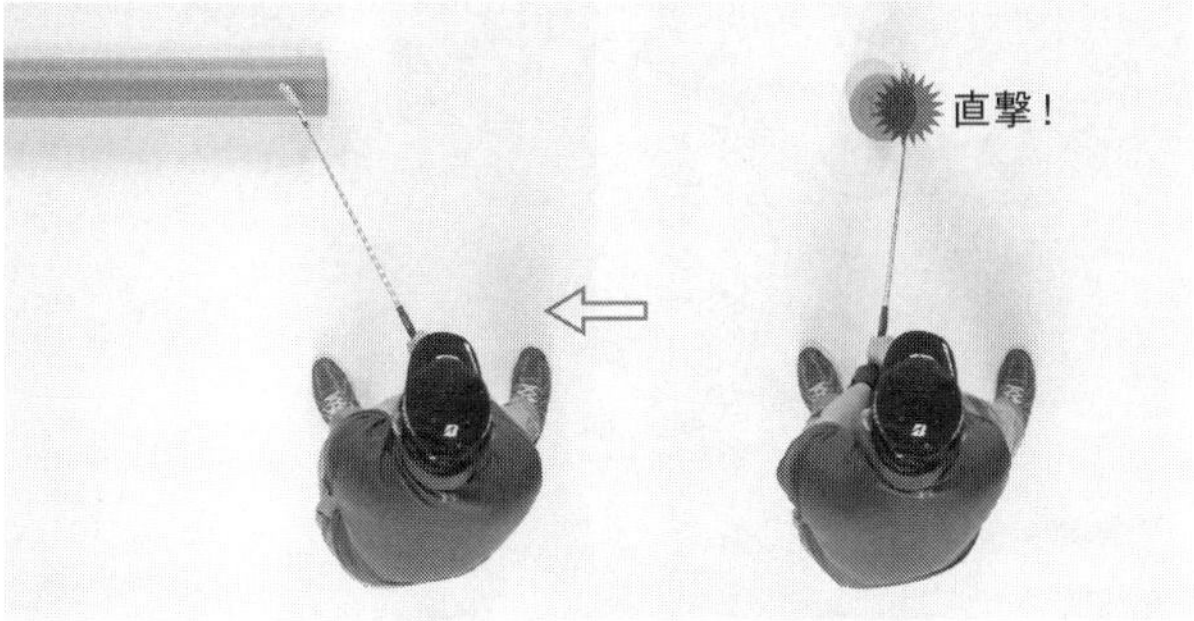

手首が返るスイングでは、目の前の巨木はすり抜けられない。クラブのフェースが反時計回りに立って、巨木の“幹”を直撃してしまう

7-6

裏面ダウン
=「頭上時計」で4時半のポジションを、
飛球線の後方から見ると……

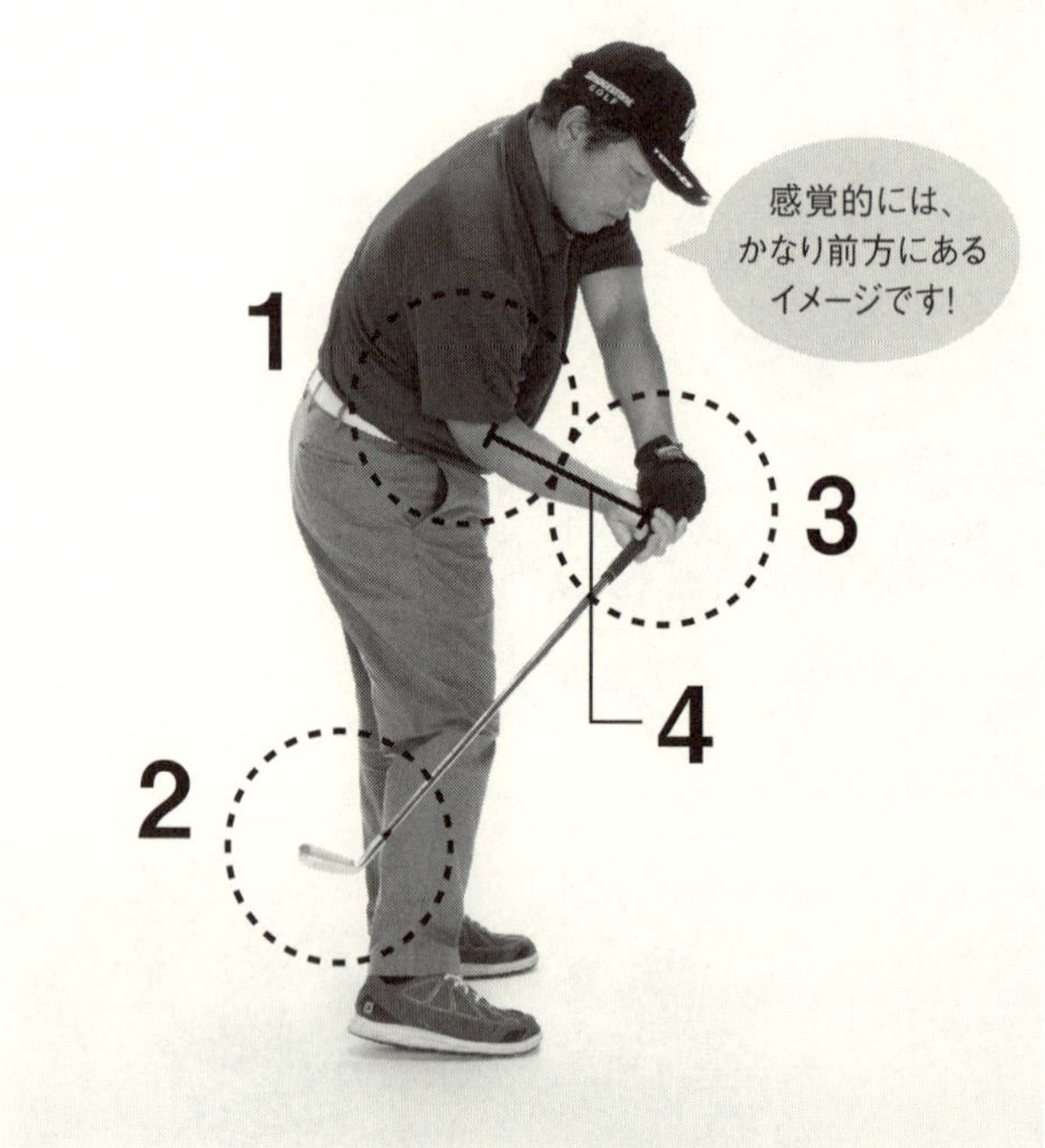
感覚的には、
かなり前方にある
イメージです!
1
2
3
4

1 内転した右ひじが身体の前に入ってくる

2 クラブヘッドは身体の後ろ（背中側）にある

3 グリップは身体の前（胸側）にある

4 右前腕部の長さのぶんだけ、グリップは身体から離れる

Ｇ１メソッドでは、「頭上時計」における４時半のポジションでのグリップの位置が、最も身体の前側（胸側）にあります。これ以上は、身体の前側にグリップの位置が出ることはありません。身体の回転と連動し、左腰前に向かって動いていきます。

ゴルフスイングはスイングレフト。４時半のポジション以降、飛球線後方から見てグリップが前に出たり、飛球線上をまっすぐ動くことはありません。グリップは必ず、飛球線よりも左に動きます。

一方、飛球線後方から見ると、クラブヘッドは身体の回転と連動し、徐々に前方に移動します。クラブヘッドはつねに背中側にありつづけますが、身体が回転することで前に出てくるわけです。

そして、グリップがボールの位置を通過するあたりでグリップとクラブヘッドが同一線上に並んでシャフトが飛球線と平行になります。インパクト時点ではグリップよりもクラブヘッドが右にあります。つまり、飛球線の後方から見ると、４時半のポジションではグリップが右でクラブヘッドが左の状態だったのが、インパクトでは、グリップが左でクラブヘッドが右の状態に入れ替わるわけです（図７－７）。

7-7

飛球線の後方から見た、スイング中のグリップとクラブヘッドの位置関係

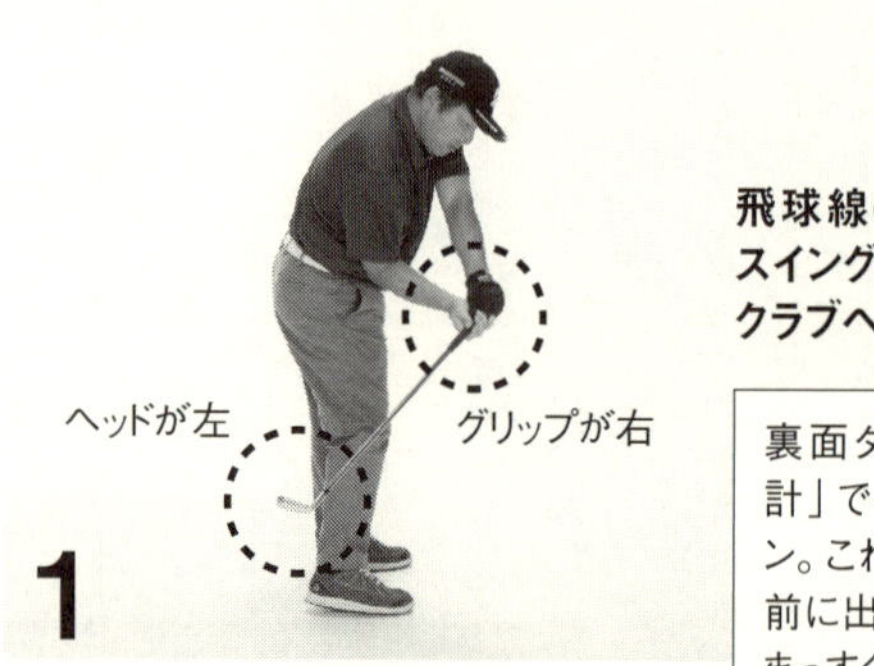

裏面ダウン=「頭上時計」で4時半のポジション。これ以降、グリップが前に出たり、飛球線上をまっすぐ動くことはない

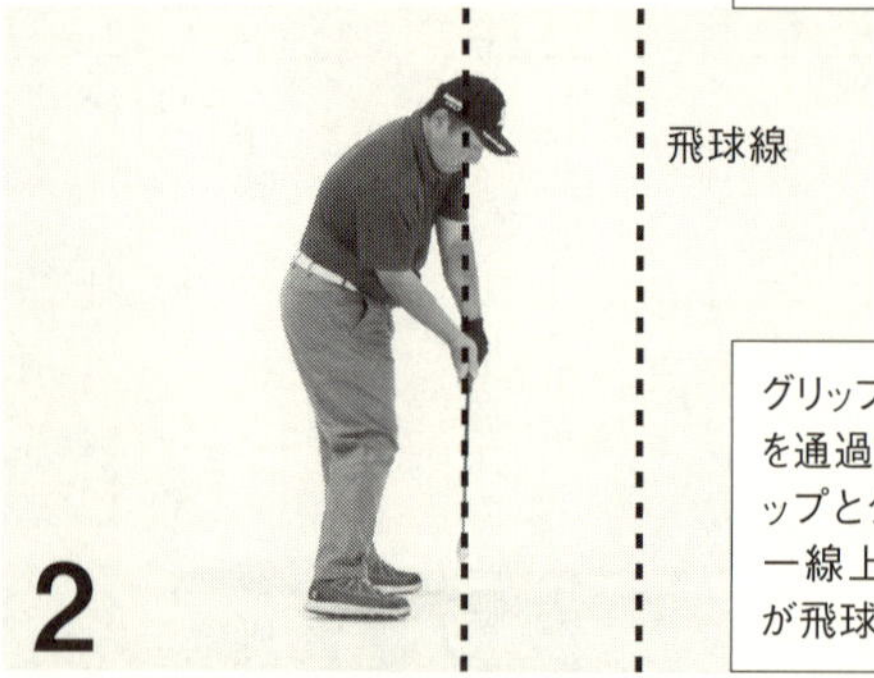

グリップがボールの位置を通過するあたりで、グリップとクラブヘッドが同一線上に並び、シャフトが飛球線と平行になる

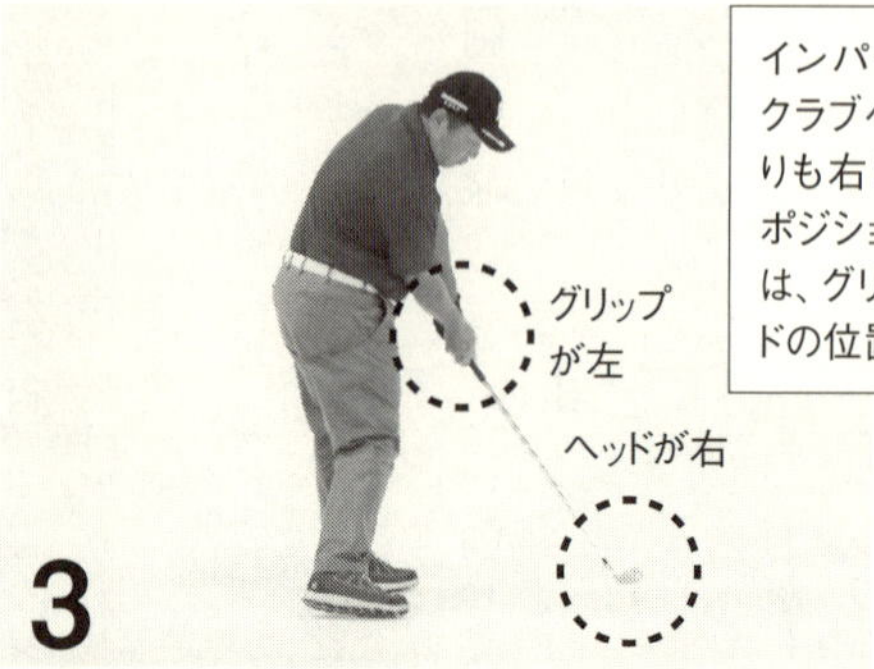

インパクトの時点では、クラブヘッドはグリップよりも右にくる。4時半のポジションとインパクトでは、グリップとクラブヘッドの位置が入れ替わる

7-5 SRゾーンでのひじの使い方

「左ひじを下げる」効果は？

身体のさばきでは、４時半のポジションからインパクト、フォローにかけて、両ひじの高さをそろえていくことも重要なポイントです。飛球線後方から見ると、４時半のポジションでは、右腕と左腕が互い違いになっており、必ず左ひじが右ひじよりも高い位置にあります。両ひじのあいだは直径20㎝くらいのボールを挟める程度に開き、グリップも身体の前方（胸側）にあるため、両腕のあいだからは目標方向の景色を見ることができます。ふところの大きい状態です（図7－8）。

この「ふところの大きさ」がとても重要です。前述したとおり、４時半のポジションでふところが狭いと、そこからさらにグリップを前に出しながらグリップを支点にヘッドを動かしてボールを突きにいかないと、クラブヘッドがボールに届きません。すなわち、手打ちを誘発してしまいます。

４時半のポジションでは、飛球線後方から見て、クラブヘッドが背中よりも後ろにあり、左ひじが右ひじよりも高い位置にあります。このポジションから、腕を使わずにクラブヘッドをボー

7-8

飛球線の後方から見た裏面ダウン
=「頭上時計」で4時半のポジションでの
両ひじの位置関係

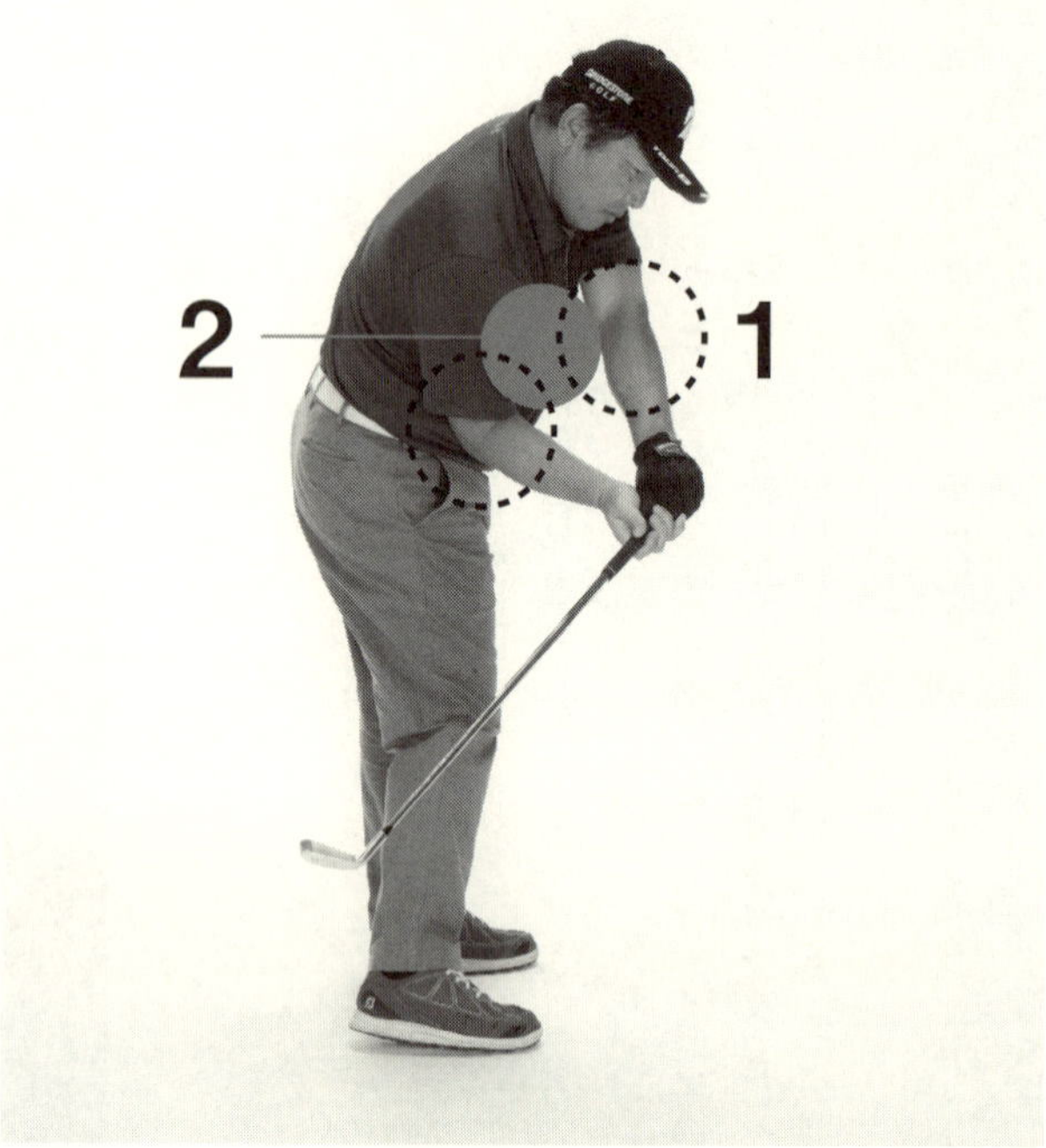

1 左ひじが必ず、右ひじよりも高い位置にある

2 両ひじのあいだは、直径20㎝ほどのボールを挟める程度に開いた「ふところの大きい状態」。両腕のあいだから、ターゲット方向の景色が確認できる

ルにコンタクトさせようとすれば、思い切り体を回転させて、左ひじを下げなくてはいけません。これが身体のさばきです。お尻の右ポケットが正面を向くぐらい身体を回転させながら、インパクトに向けて左ひじの高さを下げて、両ひじの高さをそろえていきます。

このとき、右ひじを上げることで、両ひじの高さをそろえようとしては絶対にいけません。必ず、左ひじを下げてそろえます。こうすれば、インパクトでのグリップの位置は左腰前の低いポジションにおさまるはずです。

逆に、右ひじを上げて両ひじの高さをそろえようとすると、グリップの位置が高くなり、伸び上がった状態になってしまいます。

アマチュアゴルファーの打つボールが右にすっぽ抜けてしまう原因は、ここにあります。右ひじを上げて腕を返し、フェースをスクエアに戻そうとしてしまうために、構えたときよりもグリップの位置が高くなり、フェースが右に向いてしまっているのです。

「トゥダウン現象」の副作用

ゴルフスイングでは、必ず「トゥダウン現象」が起こります。

トゥダウン現象とは、スイング中の遠心力によってクラブのシャフトが縦にしなり、クラブフェースのトゥ側が地面方向に引っ張られる物理現象のことです。つまり、ふつうにスイングしてもフェースのトゥ側が下がってしまうわけですが、インパクトで身体が伸び上がり、手元が浮くと、さらにトゥ側が下がってしまいます。

試しに、フェースの下側のラインであるリーディングエッジを地面と平行にした状態から、トゥ側を下げてみてください。すると、フェースが開いて、右を向くはずです。そのまま目標方向にクラブを出していくと、ボールにシュート回転がかかり、スライスしてしまいます。ボールの飛び出しがターゲットよりも右方向にあって、そのままスライスしていく人の原因は、ほとんどがこれといっていいでしょう。

このようなスイングをする人が右に飛ぶことを防ぐためには、腕を返してインパクト前後でボールを包み込むように打つしかありません。しつこいようですが、この腕を返す打ち方は打点のバラつきにつながり、方向性が安定しません。

また、裏面ダウンで垂直に落下したクラブのフェースは、時計回りに回転しています。腕を返して右手を上にするのは、時計と逆方向にクラブを回してフェースを閉じていく動きに相当しますので、クラブの動きにブレーキがかかり、せっかく垂直落下で得られたエネルギーをロスしてしまうことにつながります。

SRゾーンでは、必ずインパクトに向けて左ひじを下げて両ひじの高さをそろえる。それを肝に銘じてください。

7-6　右手はつねに左手の下にある――ノーリストターンで打て！

手首を返さなくてもフェースはボールを捉える

ＳＲゾーンでは、右手がつねに左手の下にある。これも、Ｇ１メソッドにおける重要な作法の一つです。腕を返して、右手が上になっては絶対にいけません。

「右手が下の状態のままインパクトを迎えると、フェースが開いた状態でボールに当たり、スクエアにボールを捉えることはできないのではないか？」

そんな疑問を抱く人もいるかもしれません。でも、その心配は無用です。左太ももの横にグリップがある状態でインパクトすれば、自然とヘッドが返り、インパクトでフェースがスクエアになるようにゴルフクラブは設計されているからです。

そのことは簡単に確認できます。

まず左手でクラブを持ち、左手の甲とクラブフェースを上（空）に向くように飛球線と平行に持ち上げます。そのまま体を回転させ、その左手を左足の横に落としてください。ちょうど気をつけの姿勢をとったときの左手の位置です。すると、クラブフェースはちゃんとターゲット方向を向いているはずです。

ところが、多くの人は自分で腕を返してフェースをターゲットに向けようとしてしまいます。身体の回転を止め、腕を返してターゲット方向にフェースを向けようとするのです。その結果、ミート率が下がり、グリップが体から離れるためにシャンクもしやすくなります。それを防ぐために、手を上に挙げて調整しているわけです。

腕を返さなくても、身体を回転させて左太ももの横にグリップを落とせば、フェースは勝手にターゲット方向を向きます。ところが、これまで腕を返してボールを打ってきた人は、「このままでは打てない」と脳が勝手に反応し、反射的に腕を返してしまいます。そのメンタルブロックをいかに打ち破るかが、きわめて重要なポイントです。

「頭上時計」の4時半のポジションではフェースが上（空）を向くほど開いていても、そのまま身体を回転すれば、フェースはちゃんとターゲットを向くということを脳に納得させなくてはいけません。実際、ドライバーを打つときは、インパクトのときもフェースが上を向いているような感覚になります。それでも、グリップがしっかり左腰の前に抜けていけば、フェースはターゲットを向くのが道理です。怖がることなく、右手が下の状態をキープしたまま、思い切り体を回転させて、グリップを左に抜いてみてください。

「インパクトからの逆算」が悪いスイングの原因

インパクトの瞬間は、ハンドファーストをキープしたまま身体の前に立っている大木の内側をすり抜けて、クラブを通していくイメージです。

繰り返しますが、G1メソッドではスイング中にクラブヘッドがグリップを追い越すことは一度もありません。グリップはつねに、クラブヘッドより前にあります。これが、ハンドファーストの本当の意味です。インパクトの瞬間も、グリップはすでにボールの位置を追い越していますが、ヘッドがボールの後ろに残っているので、ボールを打てるわけです。

世の中の多くのゴルファーは、「インパクトはアドレスの再現」だと誤解しています。インパクトでアドレスの形に戻すにはどうすればいいかと逆算して、スイングを考えているのです。

しかし、実際のインパクトは、腰はアドレス時よりも左に回転し、グリップの位置はボールをはるかに追い越しています。アドレスから逆算してインパクトをつくろうとしているうちは、絶対に理想的なスイングはできません。

ターフのとれ方にも違いが

G1メソッドでは、ダウンブローにボールを捉えようという意識はありません。ウッドはもちろん、アイアンでもダウンブローに打つ意識はありません。

世界ランキングのトップを争っているダスティン・ジョンソンのスイングを見てください。190cm以上の長身であるジョンソンが、インパクトではものすごく沈みこんで打っています。

ダウンブローを意識して、左足に重心を移して上からボールを捉えようとする人がいますが、こういう打ち方の人は、ジョンソンのようにインパクトで沈みこむことができません。そのまま沈みこむとインパクトで詰まってしまうので、インパクトの直前に一気に手を持ち上げてフック系の球を打っています。

そんな難しい打ち方をわざわざする必要はまったくないのです。ジョンソンがしているように、低いポジションから腕を使わずに身体の回転で打てば、自然とハンドファーストでインパクトできます。レベルブローで打っても、ややフェースが立った状態でインパクトできるのです。つまり、軌道を変えなくても、ダウンブローで打ったときと同じような効果が得られるわけです。

手元が先行してハンドファーストになっていれば、ターフは勝手にとれます。クラブヘッドはシャローに入って、シャローに出て行くだけ。ヘッドがV字軌道を描くようなイメージはまったくありません。したがって、G1メソッドのスイングで打つと、浅くて長いターフがとれます。

フェースは操作するな！

ボールを打ち込むようなイメージは、絶対に持たないようにしましょう。むしろ、ボールの「赤道」に合わせて、右足の横ぐらいから丸く払い打つイメージを持つことが重要です。

赤道とは、ボールを地球儀に見立てたときの、赤道が通っているラインのことです。「トップしそうで怖い」と思われるかもしれませんが、手元が先行してハンドファーストがキープできていれば、決してトップはしません。このイメージはアプローチでも同じです。

ところが、私のレッスンを受けに来られる人の多くは、「ボールの赤道を横から突くなんて怖くてできない」とおっしゃいます。そのような人は、手首を使ってヘッドを先行させ、赤道を突いてしまうのでトップしてしまうのです。まーるく振ってハンドファーストでボールを捉えれば、ものの見事にボールは上がってくれます。

もう一度強調しておきますが、絶対に自分でフェースの向きを操作してはいけません。インパクトでフェースをスクエアに合わせようとすると、インパクトの前後で直線的にヘッドを動かしてしまうため、どうしても手を使って当てにいってしまいます。そうすると、いつまで経っても「まーるく振る」イメージが持てません。

「フェースをスクエアにする」必要はない

「どこでフェースをスクエアにするんですか?」

よく聞かれる質問です。ですが、G1メソッドではスクエアを意識することはありません。まーるく振った軌道上にたまたまボールがある——。それが、G1メソッドの感覚です。

ボールを意識しないわけですから、当然、フェースをスクエアに合わせようとも意識しません。フォローでしっかりと左脇腹を回し込み、フェースをクラブヘッドが描く円軌道の接線より外側を向けて振ってやれば、フェースが勝手にスクエアになって、ボールはまっすぐ飛んでいきます（図7-9上）。

実際、接線より外側を向く力の成分がないと、ハンドファーストの形がキープできず、ヘッドスピードをアップさせることもできません。接線より外側を向けて振ってやれば、下敷きを折り曲げてパッと離したときのような「バネ力」と「復元力」が生まれ、ボールは遠くに、そしてまっすぐ飛びます。曲尺《かねじゃく》をひざに当てて少し曲げ、手を離した際に戻るときの「しなり」のイメージといってもよいかもしれません。

実際には、インパクトの瞬間は、フェースがやや開いているイメージでボールを捉えています。インパクトの前後でクラブを直線的に動かすことをせず、まーるく振ることができると、ク

7-9

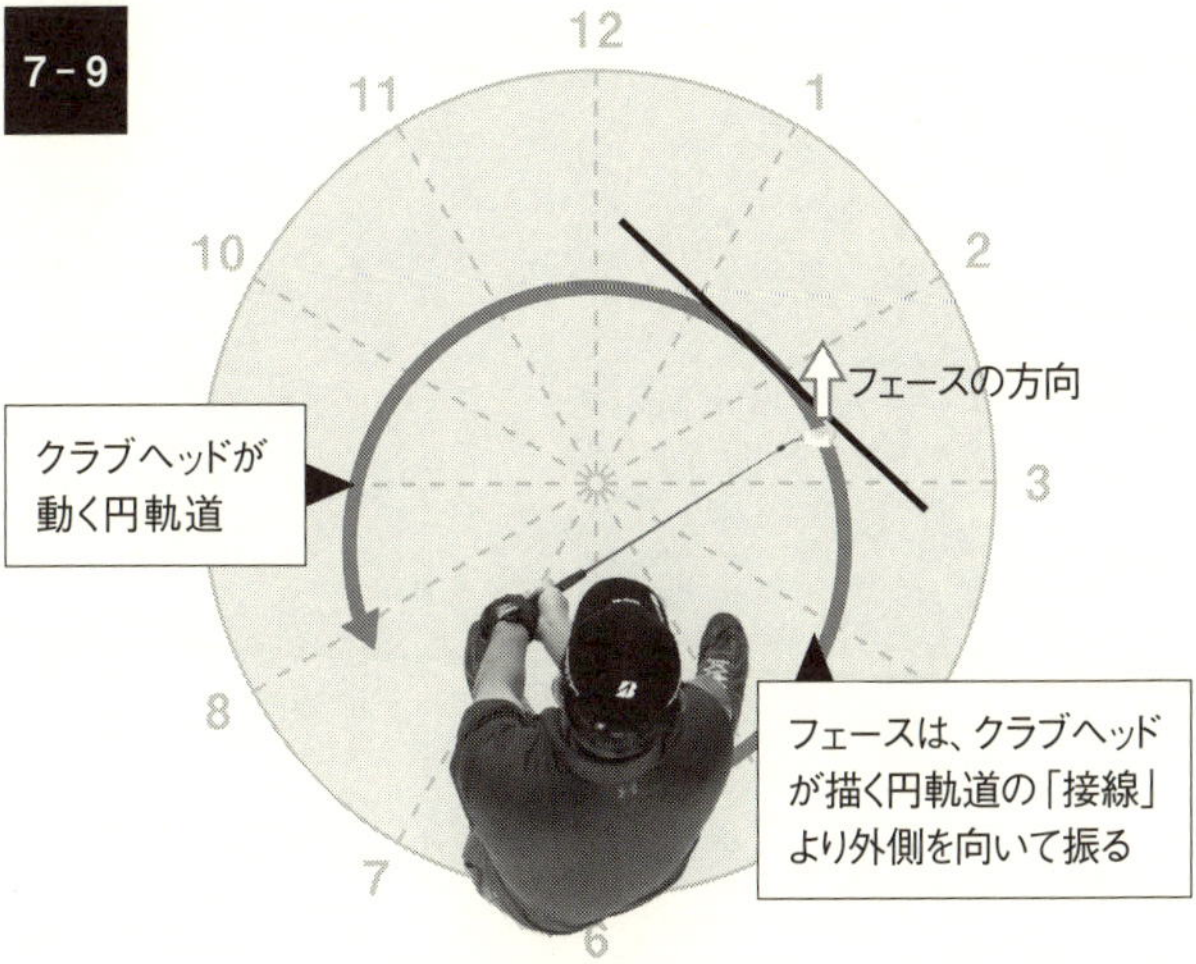

インパクトの瞬間は、フェースがやや開いているイメージでボールを捉える。インパクトの前後でまーるく振ることができると、クラブヘッドは円軌道上を動くため、インパクト直前までやや開いているイメージに

ラブヘッドは円軌道上を動くため、インパクトの直前までやや開いているイメージになるのです(図7－9下)。

感覚的には、30度ぐらい開いてインパクトをしている感じでちょうどいいでしょう。もちろん、これは感覚的なもので、実際には、ちゃんとボールに対してスクエアにインパクトしています。

7-7 スイングには「出口」がある

ヒールから地面に落とせ

インパクトで大切なのはフェースの向きではなく、クラブヘッドのどの部分を地面と接地させるかです。G1メソッドでは、クラブヘッドのヒールから地面に落とします。

インパクト時は、絶対にヒール側から地面に接地するようにしてください。トゥ側を先に落としたり、フェースの下側のラインであるリーディングエッジ全体を同時に接地しようとしたりしてはいけません。

特にアイアンの場合、ヒール側から地面に落とせばグリップの高さをキープできますが、リーディングエッジ全体を地面につけようとすると、必ず伸び上がってしまいます。

インパクトでは、アドレスと同じようにリーディングエッジ全体を地面につけなくてはいけないと思っている人がたくさんいますが、とんでもありません。

201ページで説明しましたが、スイング中のクラブには、縦方向にトルクがかかってトゥ側が下がる「トゥダウン現象」が起きます。したがって、ソール全体を地面につけようとすると、トゥ側が下がり、フェースが開いてしまいます。

ヒールから接地させて、ボールの赤道を横から払い打つようにまーるく振るイメージを持つことで、これを防ぐことができます。

感覚的には、ヒールからヘッドを入れて、ボールだけかっさらうイメージです。絶対に打ち込んではいけません。身体を回転させながらクラブをまーるく振って、ボールだけかっさらうのです。「リーディングエッジで芝を刈るイメージ」といってもいいかもしれません。

このようなフェースの使い方ができるようになると、ラフに入っても楽に打てます。フェースが開いたままヒール側から芝に入ってくるので、ヘッドが芝を刈ってくれるのです。深いラフに入っても打ち出すことができるので、「ラフが得意になった」と喜んでいる人がたくさんいます。

一方、ボールに対してフェースをスクエアに当てようとすると、ボールの手前の芝がヘッドに絡み、スムーズに振り抜くことができません。

スイングの「出口」を意識せよ

先述のとおり、インパクトではフェースの先端が「頭上時計」の1時を指し、30度ぐらい開いている感覚でスイングします。そのまま積極的に左サイドを動かし、左脇腹を切っていくと、左足外側の延長線上のあたりで、ようやくフェースが飛球線とスクエアになるイメージです。

G1メソッドでは、このポイントを「出口」とよんでいます（図7－10上）。ちょうど「気を

7－10

スイングの「出口」
飛球線

左足外側の延長線上のあたりで、フェースがようやく、飛球線とスクエアになるイメージ。このポイントが、スイングの「出口」。この「出口」に向かってフェースが徐々に閉じていき、その通過点にボールがある感覚でスイングする

この瞬間に
ヘッドスピードが
最大になる

トップでつくられた肩と腰の捻転差＝Xファクターが解消され、上半身と下半身が同じ方向を向く「Y字インパクト」。世界標準のスイングでは、このY字インパクトでヘッドスピードが最大になる。XがYに転じるこの瞬間も重要だ

つけ」をして、左足横にクラブをもってきたポジションでスクエアになるこの「出口」に向かってフェースが徐々に閉じていき、その通過点にボールがあるという感覚でスイングします。

実際には、フェースはインパクトでスクエアになっているのですが、感覚と実際に起きている現象に違いがあるのが、ゴルフの難しい、そして面白いところです。インパクトでフェースをスクエアに戻そうとすると、必ず手首を返してしまいます。これまでにも強調してきたように、実際に起きている現象とは違う感覚でスイングして初めて、正しい動きができることをぜひ覚えてください。

このイメージで打つと、最初は回転力が不足するため、ボールがやや右に飛んでしまうと思います。でも、スパッと脇腹が切れて、回転で打てるようになると、ボールがつかまってまっすぐ飛ぶようになります。いきなりうまくはいかなくても、焦らずにつづけることが大切です。

XがYに転じるとき──「Y字インパクト」とはなにか

「出口」からさらに左の脇腹を切っていくと、左手首の甲がまっすぐ伸びてフラットリストになり、左肩からクラブヘッドまでが一直線になるポジションがあります。

G1メソッドでは、このポジションを「Y字インパクト」とよんでいます（図7－10下）。

Y字インパクトでは、トップでつくられた肩と腰の捻転差（Xファクター）が解消され、上半身と下半身が同じ方向を向きます。Ｇ１メソッドでヘッドスピードが最大になるのは、ＸがＹに転じる、まさにこの瞬間です。

Ｙ字インパクトでは、左手の甲がまっすぐ伸び、左肩からクラブヘッドまで一直線になることが重要なポイントです。

手首が甲側に折れることを英語で「フリック」とよびますが、Ｙ字インパクトで左手首が甲側に折れてフリックするのは、すくい打ちの証拠です。海外では、「フリックがあると、アイアンは上達しない」といわれます。

逆に、Ｙ字インパクトで左手の甲がまっすぐになってフラットリストになっていれば、ハンドファーストでボールを捉え、ボールを圧縮してフェースに乗せて運ぶことができます。力積を大きくした理想的なスイングです。

美しいライン出しショットとは？

Ｙ字インパクトでは、フェースの上にボールが乗っている感覚が得られます。

このポジションでは、腕を返して右手が上になるイメージを持っている人が非常に多いのですが、それはグリップを支点にしてヘッドを走らせる古い打法に引きずられているからです。現在の世界標準では、絶対に腕を返しません。

G1メソッドでは、ハーフウェイダウンからY字インパクトまで、つねに右手が左手の下にあります。右手が上になることは一度もありません。

この打ち方ではボールがつかまらないように思われるかもしれませんが、十分に左脇が切れて身体が回転し、クラブが円軌道の左側に入ってくれれば、右手が下でもボールはしっかりつかまります。ボールがつかまらずに右に行ってしまうのは、右手が下のまま手元を直線的にターゲット方向に動かそうとするからです。これはすくい打ちですから、ボールがつかまらなくて当然です。

方向性を重視したコントロールショットを「ライン出し」ショットとよびますが、トッププロがライン出しショットをしたときは、Y字インパクトの形がとてもきれいに決まります。左肩からクラブヘッドまでが一直線になり、左の頬とクラブヘッドが引っ張り合っている感じです。

リストを使うスイングは、現在の主流ではありません。世界標準のスイングは、ノーリストターンスイングです。SRゾーンで手を使わずに、身体の回転とフットワークでボールを飛ばします。

この感覚をマスターするために、Y字インパクトでスイングを止めるハーフスイングをたくさん練習していただきたいと思います。

7-8 インパクトのその先は？

グリップは身体から離さない

インパクト以降は、両ひじの高さをそろえたままグリップを身体に引きつける向心力と、クラブヘッドに引っ張られる遠心力を感じながら、左脇腹を後方に引いて身体を回転させていきます。

このとき、グリップと身体との距離はできるだけキープし、体から離れていかないようにすることが大切です。私の感覚では、グリップエンドがへそに当たりそうな気がします。実際に写真を見ると離れているように見えますが、感覚的にはすごく近く感じています（図7-11）。

グリップが身体から離れず、身体の近くにあると、身体の回転スピードが上がります。フィギュアスケートのスピンでも、回転速度を上げるときには腕を引きつけ、胸の前で組むなどしてなるべく身体に手を近づけて回転します。理屈はそれと同じです。グリップが身体から離れないからこそ、鋭く回ることができるのです。

グリップを身体から離さないようにするためには、クラブの遠心力によって外側に引っ張られる力とクラブを身体に引きつける向心力が釣り合っていなくてはいけません。フォローでは、遠

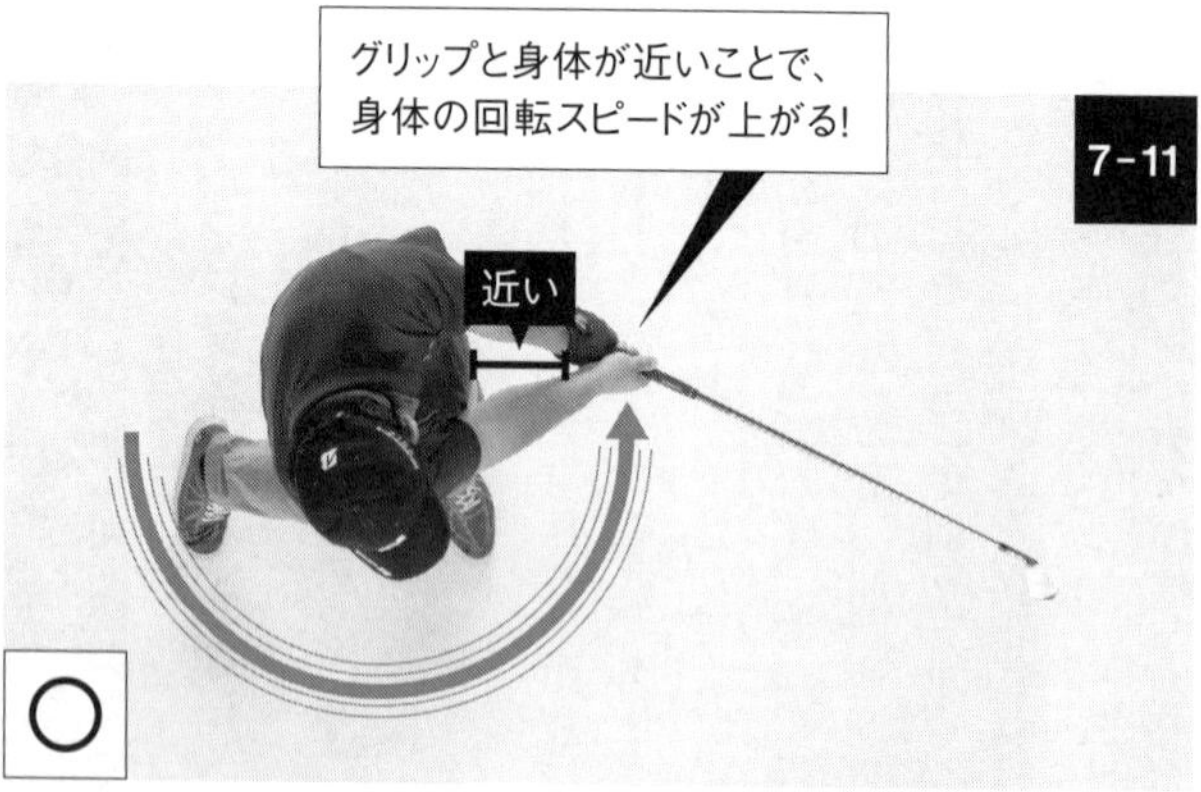

世界標準のスイングでは、グリップと身体の距離は可能なかぎりキープ。コツは、グリップエンドがへそに当たるくらいの感覚をもつこと。グリップが近くにあると、身体の回転スピードが高速化する

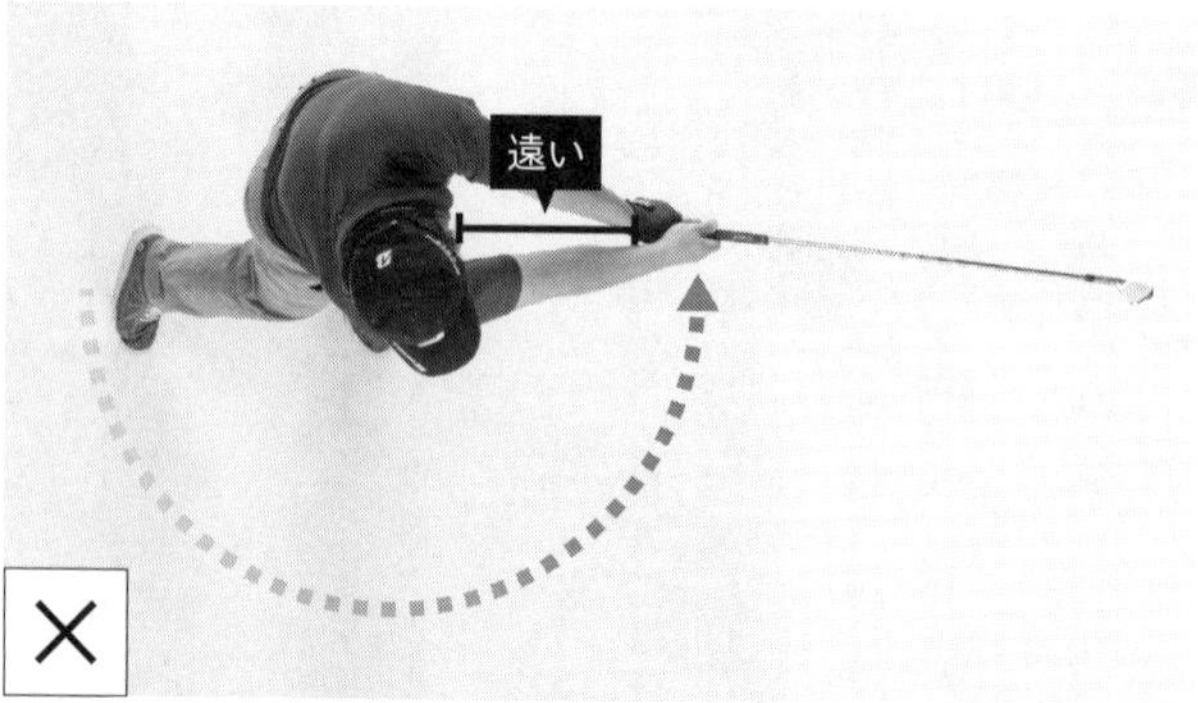

クラブの遠心力に負けて、身体からグリップが離れた状態。身体の回転スピードが下がり、飛距離も出ない

心力と向心力のバランスをとることを心がけてください。

第三の入れ替えポイント

Y字インパクトをすぎて、クラブヘッドが「頭上時計」の7時半を指すポジションでは、グリップの位置よりもクラブヘッドの位置のほうが高くなります。

これが、グリップとクラブヘッドの高低の入れ替えです。4時半のポジションでは左ひじが右ひじよりも高い位置にあるので、クラブヘッドはグリップよりも低い位置にあります。インパクトにかけて左ひじを下げて両ひじの高さをそろえていくと、クラブヘッドは低い位置のまま移動し、ヒールから着地して浅い《シャローな》入射角でボールを捉えます。

両ひじの高さをそろえたまま、さらに身体を回転させていくと、上半身が下半身の回転を追い越して左ひじが自然と畳まれるため、グリップよりもクラブヘッドの位置が高くなります。

つまり、SRゾーンでは、グリップとクラブヘッドが横方向、縦方向ともに入れ替わるわけです（図7－12）。このまま回転をつづけると、さらにシャフトが立ち、フィニッシュのポジションに向かいます。

両足の真ん中でクルッと身体を回転させながら、フットワークで「うねり」を注入し、身体のさばきでグリップとクラブヘッドの位置を、縦方向、横方向ともに入れ替える――。それが、S

7-12

SRゾーンでは、グリップとクラブヘッドが横方向、縦方向ともに入れ替わる

裏面ダウン=「頭上時計」で4時半のポジションでは、クラブヘッドはグリップよりも低い位置にある

Y字インパクト後、クラブヘッドが「頭上時計」で7時半を指すポジションでは、グリップよりもクラブヘッドのほうが高くなる=グリップとクラブヘッドの高低の入れ替え

Ｒゾーンでの G1メソッドにほかなりません。

「ハ」の字を意識してクラブを振る

前述のとおり、「頭上時計」で４時半の位置から７時半の位置までクラブが動く範囲がＳＲゾーンです。クラブが描く軌道を頭上から見ると、４時～４時半の位置にあるとき、クラブはカタカナの「ハ」の字の右側の「﹅」を描きます（図７－13上）。

一方、「ハ」の字の左側の「ノ」は、インパクト以降のヘッドが描く軌跡です。右ひじを前に出さず、左に抜いていくと、ヘッドは「ハ」の字の左側の「ノ」を描きます（図７－13下）。スイングする際には、この「ハ」の字の右側の線から左側の線まで、クラブヘッドを低く、まーるく振るイメージを持ちましょう。

クラブヘッドが背中側にある状態を保ったまま、身体を回転させます。クラブヘッドはずっと背中側に残ったままで、絶対に手を使って身体の前に出してはいけません。

鞘《さや》に入れた刀を、刃先が４時～４時半の方向に向くようにセットし、鞘をその場に置き去りにしたまま、身体の回転によって刀を抜き去るようなイメージです。

7-13

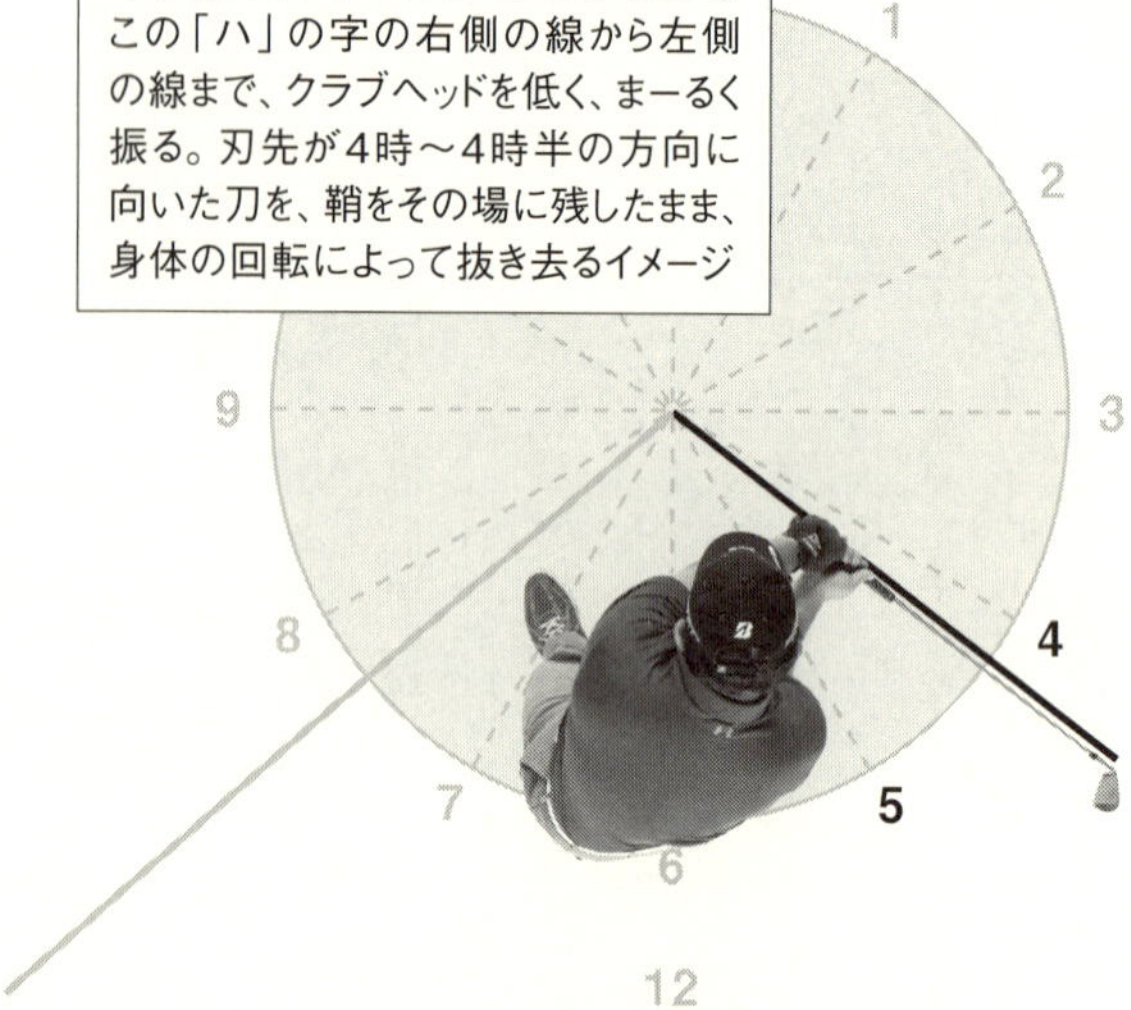

4時～4時半の位置と7時半～８時の位置で、クラブは「ハ」の字を描く。この「ハ」の字の右側の線から左側の線まで、クラブヘッドを低く、まーるく振る。刃先が4時～4時半の方向に向いた刀を、鞘をその場に残したまま、身体の回転によって抜き去るイメージ

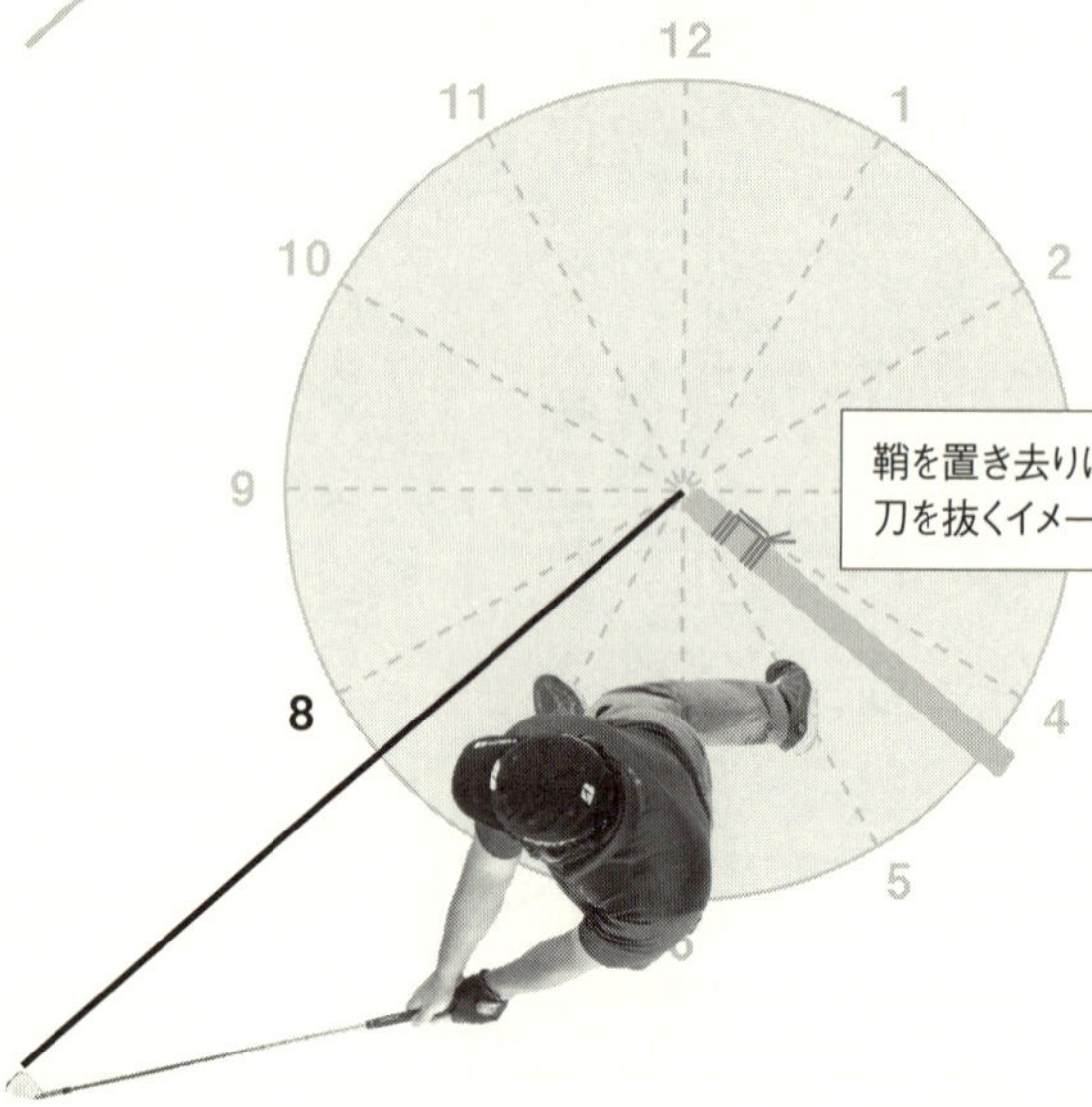

鞘を置き去りにして、刀を抜くイメージで振る

「ボールを打つ」意識をなくす

「ボールを打つ」という意識をなくすこと――。これが最も重要です。

Ｇ１メソッドでは、インパクトも意識していません。スイング軌道の通過点にボールがあるというイメージです。ボールに当てる意識を持つと、どうしてもクラブヘッドを走らせてしまいます。インパクトでは、ヘッドを走らせたくないのです。

私のレッスンを受けてくださるみなさんにも、口を酸っぱくしてこのことを説明していますが、なかなか理解してもらえないのが実情です。どうしても強くボールをヒットしたいという意識が働き、クラブヘッドを走らせようとしてしまいます。そんな生徒さんたちを見るたびに、「身体をねじって背中越しに目標を感じたら、怖がらずに背骨を軸にその場でクルッと回転しちゃえ！」と、いつも思います。

円軌道の中でボールを捉えるイメージができたら、一貫性のある動きができます。「回転が止まるからミスをしている」ことに、早く気づいていただきたいのです。

「頭上時計」の４時半のポジションから身体の真ん中でクルッと回転し、フットワークで「うねり」を注入しながら、身体のさばきでグリップとクラブヘッドを入れ替える――。あなたもぜひ、Ｇ１メソッドで安定した、そしてパワフルなＳＲゾーンをつくってください。

世界標準のフィニッシュ

——振り終えたクラブは地面と平行に

第8章

8-1 「インバランスフィニッシュ」とはなにか

いかにバランスよくフィニッシュするか

前章で、左手首がフラットリストになり、左肩からクラブヘッドまで一直線になるポジションを「Y字インパクト」とよぶと説明しました。Y字インパクトのポジションでは、下半身と上半身の捻転差、すなわちXファクターが解消され、胸の真ん中を縦に走る胸骨とベルトのバックルが同じ方向を向きます。

クラブのヘッドスピードは、Y字インパクトの瞬間に最大になります。

Y字インパクトまでは、誰でもクラブの動きを意識することができます。そのため、Y字インパクトでスイングを止めるハーフスイングは、ライン出しショットに最適です。

この左手首がフラットリストになった状態が、「頭上時計」で見て9時から8時くらいまでつづきます。

しかし、Y字インパクトより先は、クラブの動きを意識することはできません。G1メソッドでクラブの動きを意識するのは、Y字インパクトまでです。それ以降は、いかにバランスを崩さずにフィニッシュするか、ということが大切になります。

よく「フィニッシュまで上半身の前傾をキープし、軸回転をつづけろ」という人がいますが、それではフィニッシュ時に立っていることはできません。上半身を前傾させたまま軸回転するのも、Y字インパクトまで。それ以降は、前傾をキープする必要はありません。

フィニッシュで最も大切なのは、お腹を出さず、腰も反らさず、バランスよくまっすぐ立つことです。そして、打球後も、ボールが落下するまでそれを維持できる身体能力も必要です。G1メソッドでは、これを「インバランスフィニッシュ」とよんでいます。

「招き猫」の形で振り終える

インバランスフィニッシュとはなんでしょうか?

具体的に見ていきましょう。

フルスイングした場合のフィニッシュでは、グリップが左耳の横にきて、左腕の前腕部は地面と垂直にまっすぐ立ち、左手のひらと右手の甲が前方(ターゲット方向)を向きます。

この状態を、G1メソッドでは「招き猫フィニッシュ」とよんでいます(図8-1上)。

一般的に、右手を上げている招き猫はお金を、左手を上げている招き猫は人を招くといわれているそうですが、インバランスフィニッシュでは、人を招く招き猫のように手のひらを正面に向けて左手を顔の横に上げます。その形がそっくりなので、「招き猫フィニッシュ」とよんでいる

8-1

1

グリップは左耳の横にきて、左手のひらと右手の甲が前方(ターゲット方向)を向く

2

左腕の前腕部は、地面と垂直にまっすぐ立つ

3

両ももがピタッとくっついて左足の上でまっすぐ立って振り終えると、その体勢のまま右足を上げて、つま先で地面を叩くことができる

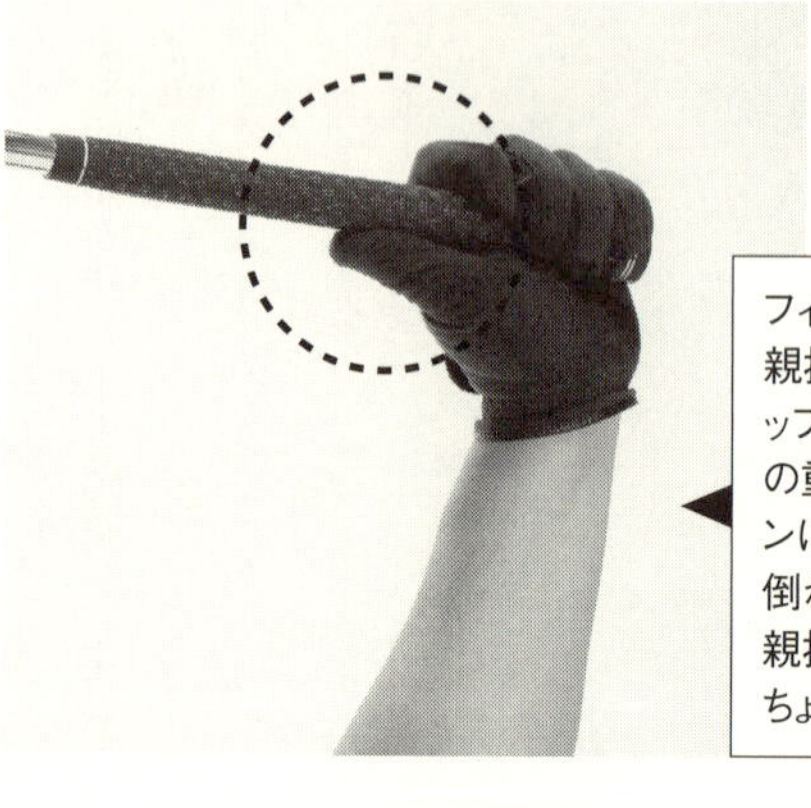

フィニッシュでは、左手の親指の腹がクラブの「グリップ」の下にきて、クラブの重さを支える。裏面ダウンに入る直前にクラブが倒れ込んだ際に、右手の親指がクラブを支えるのとちょうど正反対の形

わけです。左打ちの人であれば、お金を招く招き猫のほうですね。

このとき、クラブは両耳の高さでシャフトが地面と平行になります。左手の親指の腹がクラブの「グリップ」の下にきて、クラブの重さを支えます。ちょうど、トップのポジション（裏面ダウンに入る直前）で右手親指がクラブを支えるのと正反対です（図８－１下）。

低く、まーるく振って、身体が最後まで回転すれば、クラブは自然とこのポジションに収まります。

クラブヘッドが地面を指し、クラブを担いでシャフトが背中を叩くようなフィニッシュになるのは手打ちの証拠です。腕が返って右手が上、左手が下になってしまうため、ヘッドが垂れてクラブを担いだ形になってしまうのです。最後まで右手が下の状態をキープすれば、フルショットのフィニッシュでは、クラブのシャフトは必ず地面と平行になります。

コントロールショットも「招き猫」で打ち終える

ライン出しのコントロールショットの場合は、そこまで身体を回さないので、フィニッシュ時にクラブのシャフトが左肩の横で立った状態になります。ただし、左手のひらと右手の甲がターゲット方向を向くことは、フルショットと同じ。招き猫フィニッシュであることに変わりはありません。

腰は完全に回り切ってベルトのバックルが正面方向を向き、両腰を結んだラインは飛球線と垂直になります。一方、胸は腰よりもさらに回転し、目標よりもやや左方向を向きます。

太ももは締められ、両足の太ももがピタッと密着します。背筋はまっすぐ伸び、左足から頭まで地面と垂直に一直線になります。

身体の正面（アドレス時の胸側）から見ると、左腕は身体の幅に収まり、腕やひじが身体の幅からはみ出すことはありません（図8－2）。

これがG1メソッドのインバランスフィニッシュです。いわば、一連のスイングにおける最後の作法というわけです。

8-2

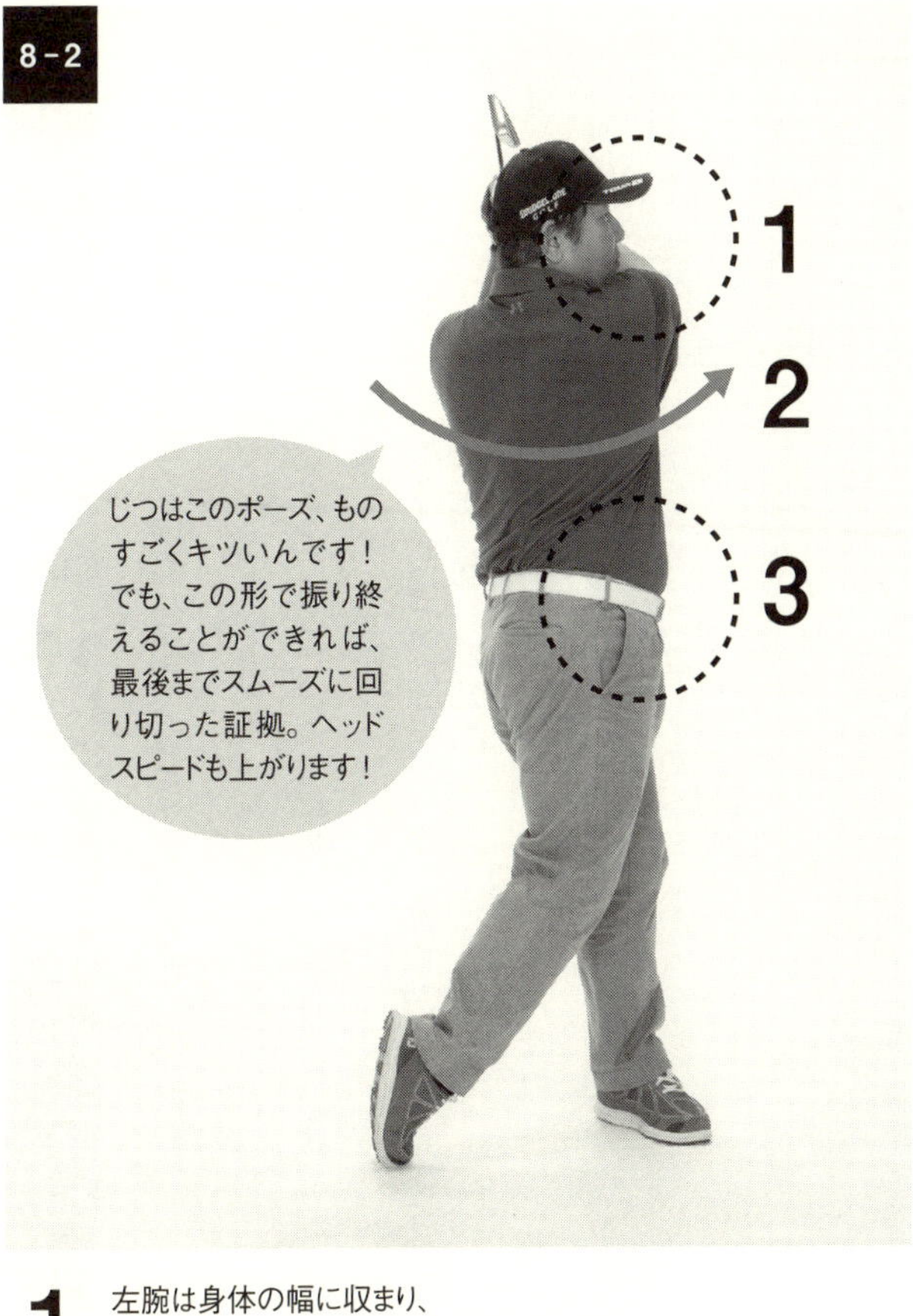
1
2
3
じつはこのポーズ、ものすごくキツいんです！でも、この形で振り終えることができれば、最後までスムーズに回り切った証拠。ヘッドスピードも上がります！

1 左腕は身体の幅に収まり、腕やひじが身体の幅からはみ出すことはない

2 胸は腰よりもさらに回転し、目標よりもやや左方向を向く

3 腰は完全に回り切ってベルトのバックルが飛球線方向を向き、両腰を結んだラインは飛球線と垂直になる

8-2 美しい立ち姿で振り終えるために

スイング後につま先で地面を叩くことができるか

インバランスフィニッシュがうまく決まり、両ももがピタッとくっついて左足の上でスッとまっすぐ立って振り終えることができると、その体勢のまま右足を上げて、つま先でトントンと地面を叩くことができます（図8－1参照）。

最後まで前傾をキープしようとして右肩が下がったフィニッシュになったり、背中を反らせてお腹を突き出す、いわゆる「逆C字形」のフィニッシュになったりすると、バランスよく立っていることができません。

ボールの落ち際に、クラブをクルクルッと回転させながら左腰の横に落とすプロをご覧になったことはありませんか？

あれがまさに、バランスのいいフィニッシュができた証拠です。インバランスフィニッシュができると、打ったボールが地面に落ちてくるまで、左足一本でその姿勢をキープすることができるのです。

やってみるとわかりますが、じつはこのポーズがものすごくキツいのです。人並み以上に身体の柔軟性がある人でも、思わず「キツい」と感想を漏らしたくらいです。身体の硬い人では、脂汗が出るくらいキツいはずです。しかし、遠心力と向心力のバランスを取りながら軸回転ができるようになると、自然と楽にフィニッシュの姿勢がとれるようになります。

それが、インバランスフィニッシュです。

左の脇腹をいかに引くか

インバランスフィニッシュがとれるようになると、おのずとヘッドスピードが上がります。身体の回転にブレーキがかからず、最後までスムーズに回り切ることができるからです。

なかには、右腰が左腰を追い越してターゲット方向に出る人もいますが、そこまで腰を回してフィニッシュがとれたら、背中も正面を向いて回転力も上がるので確実にボールは飛びます。

しかし、ほとんどの人はそこまで腰が回りません。右腰が前に出るほど腰を回そうとすると、左足の裏がめくれて、バランスを崩してしまいます。左足の裏がめくれてしまうと、スムーズな回転ができなくなって、ヘッドスピードが上がりません。当然、ボールの飛距離も伸びません。

では、インバランスフィニッシュをとるためのポイントはなんでしょうか。

それは、「左脇腹の引き」です。左脇腹の引きがないと、インバランスフィニッシュはできません。なぜでしょうか？

テイクバックでは、右足の太もも付け根の上で体幹をねじりました。ダウンスイング以降は、その捻転差を維持したまま回転し、Y字インパクトでようやく上半身と下半身の捻転差がなくなることは前章で説明したとおりです。

反時計回りに体幹をねじる

問題はここからです。

左脇腹を引けずに身体の回転が止まると、腕だけが惰性で動きつづけ、クラブを担ぐ形になります。せっかくシャローなプレーンで、低く、まーるく振ってきたのに、そこでクラブの運動方向が変わり、ブレーキがかかってしまうからです。これでは、エネルギーがスムーズに流れません。

Y字インパクトをすぎてからも、しっかり左脇腹を後ろに切っていくと、こんどは、左足太もも付け根の上で体幹がねじられます。テイクバックでは頭上から見て時計回りにねじられた体幹が、フォローからフィニッシュにかけては反時計回りにねじられるのです。

この、体幹の反時計回りの捻転がないと、インバランスフィニッシュはできません。左の脇腹が使えず、フィニッシュで体幹がねじれていないと、クラブを担いでしまいます。逆にいえば、フィニッシュでクラブを担いでいる人は、左の脇腹がまったく使えていないということです。

イメージとしては、背骨を軸に背中が正面（アドレス時の胸側）を向くまで左脇腹を後方に引いていきます。こうすれば右腕が身体に巻きつき、グリップは左耳の横に収まります。中途半端な回転では、クラブが暴れ、体重移動も不十分になって、バランスを失います。

左の脇腹をしっかり後ろに引いて、背中が完全に入れ替わるまでクルッと回転すること。これが、インバランスフィニッシュ成功の秘訣です。終わりよければすべて良し。あなたも脇腹の切り方をマスターして、美しいインバランスフィニッシュを身につけてください。

＊

ここまで、Ｇ１メソッドについて、ひととおり解説してきました。これが、現在の世界標準となっているスイング理論に基づいた最新のスイングです。あなたにも、ぜひチャレンジしていただきたいと思います。

とはいえ、日本における従来のゴルフの「常識」とはまったく異なるため、いきなりこれを実践するのは難しいかもしれません。

そこで、つづく最終第９章では、トレーニング編として、実際に私がレッスンでおこなっているドリルの一部を紹介しながら、Ｇ１メソッドについて体感的に「復習」していきます。ご自身でドリルをおこないながら、具体的な身体動作としてのＧ１メソッドのエッセンスをマスターしていただきたいと思います。

第9章

世界標準のスイングが身につくトレーニングドリル

――解説動画付き

第1章から第8章まで、世界標準のスイングをアドレス～フィニッシュの各段階に分解して、詳細に解説してきました。まずは世界標準のスイング理論をイメージ的に捉えていただいたわけですが、最終章となる本章では、読者のみなさん一人ひとりに実際にG1メソッドを体得していただくべく、実践的なトレーニングドリルをご用意しました。

いずれも、私のレッスンを受けてくださる方々に取り組んでいただき、大きな効果を上げているものばかりです。週末などのまとまった時間に集中しておこなうもよし、あるいは細切れの時間を活用して日々、地道に鍛錬を重ねるのもよし。

各トレーニングには、ウェブ上の本書特設サイトに解説動画を用意してあります（以下のURL、または本書扉裏のQRコードからアクセスしてください。http://bluebacks.kodansha.co.jp/books/9784065152140/appendix/）。

読んで、観て、実践する——。繰り返し練習をして、ゼロトップ、キックイン、ノーリストターンといった世界標準のスイング＝G1メソッドのエッセンスを体得してください。

DRILL 1

世界標準の始動を身につける「ロングテイクアウェイ」マスタードリル

始動から、からだ全体でワンピースに動かす

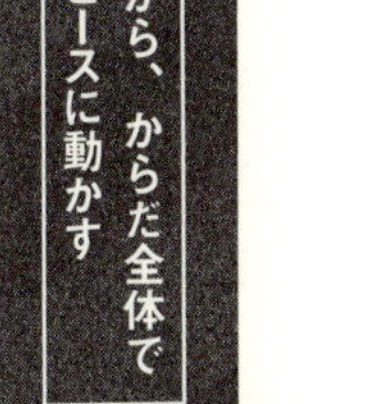

スイングの始動からトップのポジションまでは通常、「バックスイング」とよばれます。

本書でも用いてきましたが、「バックスイング」という言葉には、どうしても背中側にクラブを手で持ち上げるイメージが強くあります。そのため、G1メソッドでは、クラブの動き出しからクラブヘッドが正面時計の8時を指すぐらいの範囲を「テイクアウェイ」とよんでいます。

クラブヘッドが正面時計の8時を指すまでは、両腕でつくられる三角形を崩さずに、低く長く、クラブを引いていくイメージです。このロングテイクアウェイの感覚をつかむためにやっていただきたいのが、クラブヘッドで重いものを動かすドリルです。

まず、重さ1kgほどの板切れを用意してください。左端がボールを置く位置にくるように、板切れを地面に置きます。

次にアイアンをもち、クラブヘッドを板切れの左端の横にセットしてアドレスします。そのままクラブヘッドを飛球線後方に引いて、ヘッドの裏側で板切れを右足のつま先の前まで動かしてください。

身体を動かす順番がとても重要です。右足かかとの踏み込みからスタート。次に背中をねじって、最後にクラブヘッドが動いていきます。そのまま両腕がつくる三角形を崩さないように、低く、長くクラブを引いていくと、板切れはつま先の前まで動きます。一瞬、ヘッドが置き去りにされて、右手首が掌屈されてから上がっていきますが、ちょうどこれくらいで、すべてのパーツがワンピースに上がっていきます。

低くて長いロングテイクアウェイは、体幹をねじり、ふところの大きいトップをつくる準備として欠かせません。ロングテイクアウェイができると、右太ももにしっかりと体重が乗ってきて、右太ももの付け根を支点に、体幹をねじる準備ができるのです。

1kgの板切れをつま先の前まで動かせるようになったら、次は300~500gくらいの板切れを用意。先ほどと同じように板切れとクラブヘッドをセットして、テイクバックします。

ただし、こんどは板切れを動かしてはいけません。〝ゆるゆる〟グリップで手首も柔らかい状態が保たれていれば、クラブヘッドは板切れの上側をなめるように移動し、板切れが動くことはありません。第5章で紹介した「リッピングテイクアウェイ」です。

こちらは、腕と手首の力加減を覚えるのに格好のドリルです。ぜひ、あわせて取り組んでください。

DRILL 2

Xファクターを強化する「ゴムボール」ドリル

捻転を感じる、腕の振りと体の回転を同調させる

ゴムボールを利用して、上半身の回転と腕の動きを同調させて「体幹をねじる感覚を養う」ドリルです。

アドレスをしたときに、ちょうど両ひじのあいだに挟まる大きさのボールを用意します。ボールが大きすぎるとひじが曲がってしまいますし、逆に小さすぎると両ひじに力を入れないとうまくボールを挟めません。力を入れずに挟める程度の直径のボールを選んでください。

両ひじのあいだに軽くボールを挟んでアドレスをしたら、フィニッシュまでボールを落とさないようにスイングします。

ポイントは、軽くボールを挟んだまま、胸を右に回して「ふところの広いトップ」をつくることです。グリップは右耳の横に位置し、両ひじは突っ張らずに余裕をもたせましょう。切り返しは下半身のリードで巻き戻し、肩と腰の捻転差＝Xファクターを維持したまま回転していき、胸の上でボールを水平に転がすイメージでスイングします。

トップから裏面ダウンで切り返し、頭上時計で4時半のポジションでは右手が下になります。

しっかりクラブヘッドを背中側に残したまま回転できれば、絶対にボールは落ちません。慣れてきたら、ボールを挟んだまま、実際にボールを打ってみましょう。正しい動きができていれば、ボールは落ちないはずです。

G1メソッドでは、腕の力ではなく、ねじり戻しのパワー（捻転差を解消するパワー）でボールを飛ばします。したがって、胸と背中の捻転、両足の太もも付け根の上で体幹をねじることは、スイング形成においてきわめて重要な部分と捉えています。

加齢とともに、肩甲骨や肋骨まわりが硬くなり、可動域が狭くなってきますので、このドリルはますます大切になってきます。特に、ボールを挟んだままハーフスイングでボールを打つドリルは、非常に効果的です。ぜひ日々の練習に取り入れてください。

DRILL 3

切り返しマスタードリル

切り返しのタイミングをつかむ、巻きつき感を体得する、ヒンジング＆コックの支点を感じる

柔らかいゴムホースを使って切り返しのタイミングを覚え、クラブが体に巻きつく感覚を体得するドリルです。バックスイング時のヒンジング＆コックの支点を感じるのにも役立ちます。

まず、長さ1ｍ～1ｍ10㎝ほどの柔らかいゴムホースを用意してください。トレーニング専用のホースも販売されていますが、ホームセンターで売っているゴムホースを切ったもので代用できます。

このゴムホースを、ゴルフクラブと同じように両手でグリップ。いったんターゲット方向に振り出して、その反動でバックスイングします。左腕が地面と平行になるあたりで手首に支点ができ、右ひじがたたまれ始めると、ゴムホースは右肩の上に垂れてきて、その先端が左脇の下に当たります。ここで支点がとれないと、ただの手上げになり、軸ブレの原因になるので気をつけましょう！

左の脇腹や背中にゴムホースの先端が当たってしまう人は、正しいテイクバックができていない証拠です。まずは、239ページのドリル１を徹底しておこない、ロングテイクアウェイからトッ

プのポジションまでの正しい動きを身につけてください。

ゴムホースの先端が左脇の下に当たろうとする瞬間に、左足かかとの踏み込みと右ひざのキックインを同時におこないます。これが、正しい切り返しのタイミングです。ビシッと痛いぐらいに当たっている場合は、左足の踏み込みと右足のキックインのタイミングが遅れている証拠です。下半身と上半身が一緒に回転し、胸が開いて右肩が前に出ています。これでは、ホースがうまく体に巻きつきません。

ホースを振ると音が鳴りますが、体のどちら側でビュッと鳴っているかを、胸の前の水平素振りで確かめてみてください。インパクトの後、左側で音がする人は、切り返しでホースが巻きついて左サイドのリード（ハンドファースト）で振れています。

一方、インパクトの手前、体の右側で音がする人は、クラブを手で振っている証拠です。キャスティングしている状態なので、インパクトより前にヘッドが減速してしまいます。

正しい動きでゴムホースを振ることができれば、フィニッシュではホースの先端が右脇の下に当たります。ホースの先端が切り返しで左脇の下、フィニッシュで右脇の下につねに当たるようになれば、スイングプレーンも安定します。特に、初心者には非常に効果的なドリルですので、ぜひゴムホースを利用して特訓してください。

DRILL 4 「裏面ダウン」&「シャローリリース」マスタードリル

クラブをオンプレーンに乗せて振る

Ｇ１メソッドの中核をなす、重要なドリルです！　切り返しでクラブの巻きつき落下から水平ターンに移り、リリースするタイミングまでの感覚をつかみます。

まず、アドレスの姿勢で右手にゴルフボールをもち、トップ（右耳の横）まで振り上げます。このとき、手のひらを正面に向けて、出前持ちスタイルにならないよう気をつけてください。その体勢からボールの重さを感じつつ、手のひらが上を向くように右腕の前腕部を回外させて、右ひじを身体の中心線に寄せるように内転します。

右ひじは右腰の横ではなく、右脇腹の斜め前に入ってきます。このとき、ヨーヨーを肩の上から下に垂らして回すときのように、腕と手首を柔らかく使ってスムーズに動かすことがポイントです。

切り返しでは、この動作を胸の面を開かずに、左足の踏み込みと右ひざのキックインと同時におこない、肩と腰の捻転差＝Ｘファクターを広げることがポイントになります。左足の踏み込みと同時に右肩が前に出ると、上半身と下半身の捻転差がなくなり、アウトサイドインの手打ちになって、回転力が半減してしまいます。

ここまでの動作ができたら、ターゲット方向の5m先に的を設け、そこに向かって、腰の高さから水平にボールを投げてみましょう。池の水面に向かって、小石をスキップさせるみたいに、低く浅い角度（右腰の少し下）からシャローにボールをリリースします。手のひらを上（空）に向けて、右手首を背屈したまま、野球のカーブの回転（ボールに右回転）を与えるイメージで、左足の前でリリースしてください。

投げた後に、右手のひらが左頬を向いていれば、まっすぐターゲットに飛んでいきます。最初はゆったり、少し山なりのボールでターゲットに運ぶイメージで練習しましょう。

前述のように、水平ターンに移る前に肩と腰の捻転差（Xファクター）を感じていれば、背骨を中心とした背中の入れ替え（回転）が意識的にできるため、回転力が上がって強いボールが投げられます。右腕を返して手の甲が上（空）を向くと、早すぎるリリースになります。スナップを利かせて右手首を掌屈させると、真左に飛んで行ってしまうので気をつけましょう。

このドリルで、トップからボールをリリースするまでの正しい右腕の使い方をしっかり練習してください。最初は落下と水平ターンを分けて練習し、それができてから、一連の流れで投げられるようにしましょう（ゴルフボールを投げると危ない場所では、テニスボールを使うといいでしょう）。

DRILL
5

「ティヒット」ドリル1

右手。クラブの慣性を感じて振る、軸を感じながらまーるく振る、軸の形成、ハンド・アイ・コーディネーションの巧緻性を高める

逆さにもったクラブのグリップの部分でティをヒットする、「ティヒット」ドリルを紹介しましょう。このドリルは、クラブの慣性を感じながら、スイングの軸を形成するトレーニングとして最適です。

スイングの軸がブレると、一定の軌道でクラブを振ることができないので、スイングの再現性が下がり、うまくティに当たりません。また、目とボールとの距離が変わると、やはりうまくティをヒットすることができないので、ボールとの距離感を一定にする練習にもなります。

スイングのミート率を上げるためには、「腕＝ハンド」と「目＝アイ」の協調性を高め、正確で再現性のある動きができるようになることがきわめて重要です。海外ではこれを「ハンド・アイ・コーディネーション」とよび、巧緻性を高めるトレーニングとして重視しています。「ティヒット」ドリルは、このハンド・アイ・コーディネーションを高めるのに、高い効果があります。

最初は、右手一本でおこないましょう。クラブを逆さまにしたら、クラブヘッドのトゥ側が自

分のほうを向くように右手でもち、右手を左足太もも内側の前にセットして、その前にゴムティを置きます。このとき、右脇が締まっていることを確認してください。

左手は、人差し指、中指、薬指の3本で胸骨（胸の第2ボタンの位置）を押さえ、左ひじを体の横に張り出します。胸骨とは、胸の中心を縦に走っている骨のことです。「ティヒット」ドリルでは、この胸骨を左手の3本の指で押さえながら、胸骨が回転軸であることを意識します。胸骨を軸に、体幹をねじって戻す、という動きを繰り返し、クラブを振り子のように動かします。

ポイントは、足の裏でしっかりとバランスを整えて、胸を右に回したときは右の股関節にシワが寄り、左に回ったら左の股関節にシワが寄ることです。こうすれば、両足かかとの内側に体重が乗っていることになります。

クラブが右に左に自由に動きたがる慣性の力を利用して、「チクタクチクタク」とゆったりと動かし、身体の動きとクラブの動きを同調させます。このとき、グリップはとてもソフトで、右手首もジョイント部に潤滑油が差してあるようなイメージで滑らかに動かし、クラブの動きを妨げないようにしてください。

最初は、グリップが両腰の幅に収まる範囲（クラブヘッドが正面時計の8時～4時ぐらいを指す振り幅）で練習してみましょう。クラブを振り子のように往復させるなかで、ティをヒットします。

このとき、通常のインパクトだけではなく、クラブが戻ってくるときもティに当たるようにしてください。正しい動きができると、目をつむってでもティをヒットすることができます。絶対に手でクラブを振ってはいけません。手で振ったのでは、まずティに当たりません。身体が前に出てしまうため、ほとんどの人はティの手前ではなく、ティの向こう側をクラブが通過してしまいます。器用に当てても、ガツンと重く、固い当たりです。

ティを意識しなくても当たるときは、クラブの慣性を感じて、軸がとれている証拠です。ティの打感も軽く、上っ面をこする程度です。

慣れてきたら回転を加え、クラブヘッドが正面時計で9時〜3時を指す範囲まで振り幅を大きくしてやってみましょう。ゆるやかだった軌道が突然、分度器のような円軌道に変化します。それが、回転している証拠です。

往復でパチンパチンとティをヒットできるようになればしめたもの。アプローチが苦手だった人がこのドリルをおこなうと、ピタッとピンに寄るようになります。ぜひ、右手の「ティヒット」ドリルでクラブの慣性と軸を感じとってください。

DRILL 6

「ティヒット」ドリル2

左手・左サイドのリードで「ハンドファースト」をキープしてまーるく振る

左手一本でクラブを逆さまにもってティをヒットする「ティヒット」ドリルの左手バージョンです。左手の「ティヒット」ドリルをおこなうと、左サイドのリードでうねりを感じてクラブをまーるく振る感覚を養うことができます。

クラブの持ち方は、右手バージョンと同じです。クラブを逆さまにしてクラブヘッドのトゥ側が自分のほうを向くように左手でもったら、左手を左足太ももの内側の前にセットして、その前にゴムティを置きます。

最初は、右手バージョンと同じように、胸骨を回転軸にしてクラブヘッドが正面時計の8時〜4時を指すぐらいの振り幅でクラブを往復させます。このとき、手でクラブを動かさず、身体の幅の中にグリップが収まっていれば、パチンパチンとティをヒットすることができるはずです。

ティを確実にヒットできるようになったら、こんどは裏面ダウン後の、頭上時計で4時半のポジション（図7-13に示した「ハの字」の右側のライン）から左サイドのリードでティをヒットするドリルにチャレンジしましょう。

頭上時計で4時半を指すポジションでは、シャフトと胸のラインが平行に重なります。大切なのは、左手首の内側とクラブがつくる角度をキープしたままひざ下に落下させ、シャフトの内側が身体から離れないように、ハの字のラインに沿って回転していくことです。

ハの字のトップ部分のストレートラインでも、胸とシャフトのラインは平行で重なり、シャフトの内側がひざ元近くスレスレを通過します。正面から見ると、左手首の内側とクラブの角度は直角で、ハンドファーストであることがわかります。

一般的なゴルファーは、ここから腕をターゲット方向に振り出してしまいます。これでは、ティをヒットできないし、クラブをまーるく振ることはできません。左脇腹をしっかりと切って、左胸を後方に引き、身体の後ろ側（背中側）に腕を振ると、ティをヒットできます。それが、ハの字の左側のラインです。左手の甲の部分で後ろの壁をノックするようなイメージです。

腕を身体の真後ろまで動かすことができれば、しっかりサークルをつくってスイングをすることができます。重心が高く、ゴムティに届かないようでしたら、右半身を沈みこませてダウンフォースをかけるとティをヒットできます。このドリルで、左サイドをしっかり回して、ハンドファーストを保ってまーるく振る感覚をつかんでください。

「ティヒット」ドリルをおこなうときにクラブを逆さにもつ理由は、先端の重さをなるべく軽くしたいからです。先端が軽いものを振っても、遠心力を感じられることが大切なのです。

このドリルは、速く振ってはいけません。軽い先端に身体が引っ張られている感覚をもちながら、ゆっくりと振ることで軸を感じることができます。先端の遠心力で身体が引っ張られるのを感じながら、それと同じ力でクラブを引っ張ることでバランスがとれ、きれいな軸回転をつくることができます。先端が円軌道の外に膨らもうとする遠心力と、それを自分のほうに引きつけて円軌道をキープしようとする向心力のバランスが大切なのです。

この感覚をつかむために、より効果の高い練習器具として、「イメージシャフト」をご紹介しておきます。イメージシャフトは、グリップの側に重いおもりがついていて、手元側が重いカウンターバランスになっています。クラブを逆さまにもっても、ラバーグリップの重さもあって先端にそれなりの重さを感じますが、超カウンターバランス設計のイメージシャフトであれば余計な重さを感じません。イメージシャフトで「ティヒット」ドリルをおこなうと、より感覚が研ぎ澄まされ、いっそうの効果が期待できます。

DRILL 7

軸回転マスタードリル

回転のコツはフットワークと左脇腹にあり

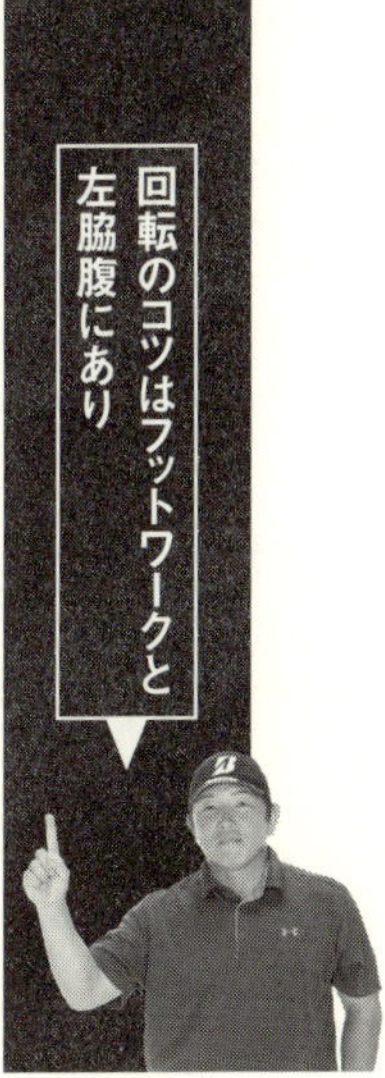

軸回転のメカニズムを体得するためのドリルです。

両足をそろえて立ったら左足を後ろ（かかと方向）に下げ、左足のつま先が右足のかかとの約5㎝後ろになるように左足をセットします。両ひざを軽く曲げて、右足の付け根から30度前傾しましょう。このときの体重配分は、右足5左足5で均等です。

平均台の上に足を交差させて立ったままスイングしている自分を想像するといいでしょう。この姿勢のまま、胸骨中心の振り子バランスを使って、クラブヘッドが正面時計の8時から4時くらいを指す振り幅をイーブンペースで振ります。

このとき、クラブヘッドをターゲット方向にまっすぐ出そうとしたり、頭がターゲット方向に流れたりするとバランスを崩し、その場に立っていることができません。本当に平均台の上だったら、落ちてしまいます。

胸の中心を走る胸骨を支点に、振り子のようにクラブを往復させながら、正面時計でクラブの上がりぎわの8時からインパクトの6時に向かうときに、右足の母趾球で地面をグッと押せると、右ひざが自然と飛球線方向にキックインされます。

一方、左足はこの力を受け止めるために土踏まずで踏ん張り、右足と左足が押し合いへし合いする状態になります。この、左足の土踏まずにエッジがかかったタイミングで、左の脇腹を後方に引いてください。バランスを崩さずに回転することができます。

回転力を高めるポイントは、左右の足で押し合いへし合いしながらバランスをとり、左脇腹を後ろにしっかりと引くことです。この動きができるようになると、体の後ろ（背中側）までクラブをまーるく振ることができます。バランスを崩さず、しっかり体幹を回転させられるようになるまで、繰り返し練習してください。

目をつむっておこなってもバランスがとれるようになったら、アプローチから始めてみましょう。

DRILL 8

回転力アップドリル

回転力アップのコツは「マグネティックフォース＝両足の挟む力」と「左足のかかと内側の蹴り」

回転力を高めるためのドリルを紹介しましょう。

スタンス幅程度の横幅がある板切れを2枚用意してください。横45㎝×縦30㎝ほどが目安です。そのうち一枚は地面に置いて、両足でしっかり横から挟みます。もう一枚は両手で板の両端をもち、腕を伸ばして胸の正面に掲げます。

板を胸の正面にキープしたまま体を回転させると、板に遠心力が働き、板と背中が引っ張り合いをしているような感覚になります。このとき、内ももを締めて、両足でしっかりと板を挟みつけるようにしないと、バランスが保てません。

G1メソッドでは、この両足で板を挟みつける力のことを「マグネティックフォース」とよんでいます。マグネティックフォースが弱く、足の裏が見えてしまったりすると、うまく回転できません。両足のマグネティックフォースで板をしっかりと挟み、胸の幅から両腕がはずれないように、遠心力を感じて回るようにしてください。

このとき、板を挟んだ左足のかかとを反時計回り（頭上時計で6時から3時の方向）に蹴り出すようにすることがポイントです。左足かかとを反時計回りに蹴り出しながら左脇腹を後方に引くと、左脇腹の切れが鋭くなり、回転力が上がります。

慣れてきたら、板をクラブに持ち替えて、同じ動きをします。このとき、胸がターゲット方向を向いても、グリップエンドがへそから離れずに近い位置を通過すれば合格です。フォローでグリップエンドが身体から離れてしまうと、身体の回転が止まってしまいます。腰から腰までの高さでかまわないので、両足でしっかりと板を挟み、左脇腹を思い切り後ろに切って、グリップを体から離さずに回転するようにしてください。

このトレーニングは、スイングを安定させるうえでものすごく重要です。繰り返し練習して、マグネティックフォースと左脇腹の切れで身体を回転させる感覚をつかんでください。

DRILL 9

「8（エイト）フィギュア」ドリル

簡単に捻転差をつくることができる、流動性のあるフットワーク

G1メソッドでは、スイング軌道のイメージを「8（エイト）フィギュア」という言葉で説明しています。8フィギュアとは、数字の「8」の字を縦に引き伸ばして、横に倒したときに描かれる線のことを指します。

8フィギュアの軌道をイメージしてスイングすることで、正しいフットワークが身につき、体のしなりを感じて簡単に捻転差をつくることができます。シャフトが体側に巻きついてタメがつくられるので、力を入れずにボールを遠くへ飛ばせます。

クラブをもたずに、8フィギュアをイメージして身体を動かす方法を紹介しましょう。まず、横に倒した細長い8の字＝8フィギュアが、身体の正面、両股関節の前あたりに描かれているようにイメージしてください。

8フィギュアを頭の中でしっかりとイメージできたら、右手の人差し指を左腰の前にもってきて、指先で横倒しになった8の字の左側の頂点を指します。その状態からバックスイングをスタートさせ、右手人差し指が右足かかとの横を指すまで身体をねじります。右手人差し指は、8フ

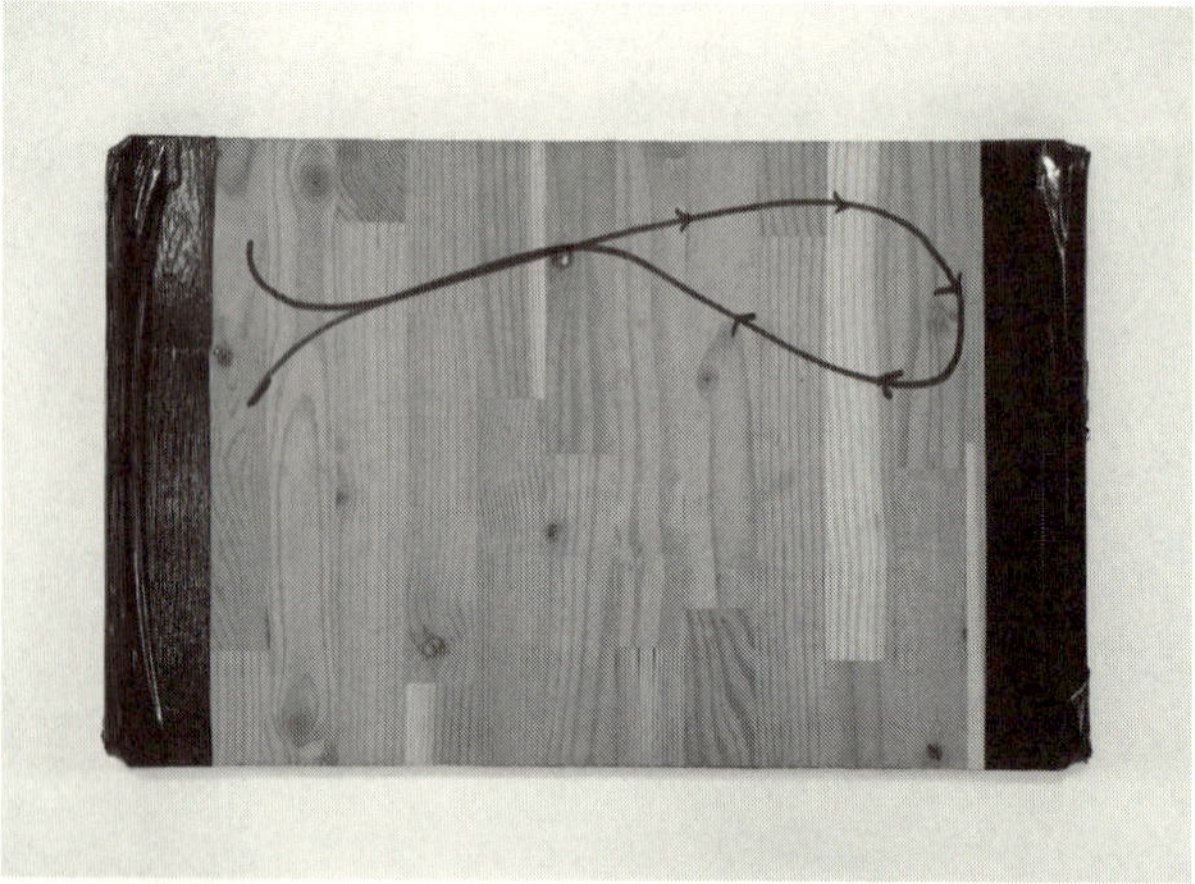

「8フィギュア」の軌道をイメージしやすくするために、板などの上に実際に描いてみるとわかりやすい。この軌道を思い描きながらスイングすることで、正しいフットワークが身につき、体のしなりを感じて捻転差をつくりやすくなる。シャフトが体側に巻きつき、タメがつくられるため、力を入れなくてもボールを遠くへ飛ばせるようになる

ィギュアの下のラインに沿って動くようにイメージしてください。

このとき、手首、ひじ、肩関節の力が完全に抜けていると、右腕がしなって手のひらが正面を向き、手首はやや背屈します。すると、人差し指は時計回りにクルッと細長い円を描き、右足かかとの裏側を指します。

そこまでしっかり身体をねじったら、こんどは胸の面は右後方を向いた状態を保ったまま、左足を低く踏み込み、右ひざをキックインします。右腰も、ターゲット方向に押し込みます。この瞬間、肩と腰の捻転差＝Ｘファクターは最大になります。

その最大捻転差の状態から、背骨を軸に腹筋と背筋を使って、一気に体幹をねじり戻して、背中を正面に向ける勢いで回転します。右手人差し指は体幹の動きに引っ張られて、逆Ｕの字を描いて左足かかとのラインまで移動します。

右手人差し指が８フィギュアに沿って動くようにイメージして、この動きを繰り返しおこなうと、柔らかいしなりの動作のなかで肩と腰の捻転差、すなわちＸファクターをつくることができるようになります。

新体操で使うリボンを短く切り（２ｍ以内）、右手の親指と人差し指でつまむようにもってこのドリルをおこなうと、よりイメージがつかみやすいかもしれません。手でリボンを動かすのではなく、フットワークと腰の動きで動かすことがポイントです。

8フィギュアを使って、両足の母趾球間を直線的に小刻みに行ったり来たりする重心移動をイメージしてください。右足に体重を移動したと思ったら、すぐに土踏まず（エッジ）に跳ね返されて左足に移るといった感じで、小さな反復横跳びをしている感覚があります。

この連続的な動きが正しくできると、リボンのなびく残像が8フィギュアに見えるはずです。8フィギュアでスイングできるようになると、自然と正しいシークエンス（動きの順番）が身につき、下半身から順に、らせん状にエネルギーを伝えることができるので、力を入れなくても大きく飛ばせるようになります。

また、アプローチもクリーンヒットできるのでピタピタと寄るようになります。100ヤード以内が苦手な人には絶対おすすめです。ぜひ、繰り返し練習してください。

DRILL 10

「短尺・ハイティ」ドリル1

うねりの注入、水平ターン、フェースローテーションを抑える、「右手が下」の感覚を養う

短く切った短尺クラブで超ロングティ（ハイティ）に乗せたボールを打ち、スイングに「うねり」を注入するためのドリルです。

G1メソッドでは、シャフトを30インチ（約76㎝）ぐらいに切った短尺クラブで、30㎝ぐらいの高さにティアップしたボールを打つ「短尺・ハイティ」ドリルを必ずやってもらいます。うねりを体得するためには、この「短尺・ハイティ」ドリルが最適です。

ハイティは、容量600mlのペットボトルのなかにゴルフグリップを差し込み、グリップエンドの小さな穴にティを差すことで簡単につくることができます。短尺クラブはゴルフショップで購入することもできますが、自分でシャフトを切って自作してもいいでしょう。

最初は、トップから裏面ダウンさせて、頭上時計の4時半のポジションから打つことからはじめます。グリップエンドが右斜め前方45度を向き、右手がグリップの下でフェース面が上（空）を向いた形です。

ここで胸の面が開かないように、左足の踏み込みと右ひざのキックイン、そしてグリップエン

ドを右斜め前方45度の方向に軽く2～3回引っ張って反動を入れたら、背中越しを感じながら、背骨を軸に背中の向きをクルッと入れ替えてボールを打ちます。

フォローでは、右ひじを右脇腹前にホールドしたまま、フットワークと背中の回転だけで目標の45度左へ振り抜きます。フィニッシュで、ヘッドは左肩の高さ、クラブは胸の正面に来てフェース面が自分のほうを向いていたら正しい形です。

右手が上になってボールを突きにいく人や、左サイドが伸びてすくい打ちになる人は、うまくボールだけ拾うことができず、必ずティを打ってしまいます。ナイスコンタクトをするには、インパクト時の左手首の折れ（フリック）をなくすことが大切です。インパクトした後、グリップエンドが左腰の前に来たときに、ヘッドは右腰前の延長線上にあり、正面から見ると左肩からクラブヘッドまでが一直線になるY字インパクトのポジションになります。このとき、両ひじの高さがそろうようにしてください。

このドリルは難しいので、うまく打てない人は、ティの先端をクラブのヒールでこする練習からはじめましょう。スイング軌道が安定し、ティの先端を軽くこすれるようになってから、ボールを乗せて打つといいでしょう。

インパクトでフェースをスクエアにしようとすると、いつまで経ってもティを叩いてしまいます。G1メソッドで「出口」とよんでいる、左足外側ラインの延長線上あたりでフェースが飛球線に対してスクエアになることを意識してスイングしてください（図７-10参照）。

このドリルでは、ボールを遠くに飛ばす必要はありません。少しずつスピードアップしながら、フェース面の管理をできる範囲内で練習すると効果的です。最初は15ヤードぐらいからはじめ、最終的に30～50ヤードをまっすぐ飛ばせるようになりましょう。

DRILL 11

「短尺・ハイティ」ドリル2&「ティヒット」ドリル

ヒールから落とす感覚を養う

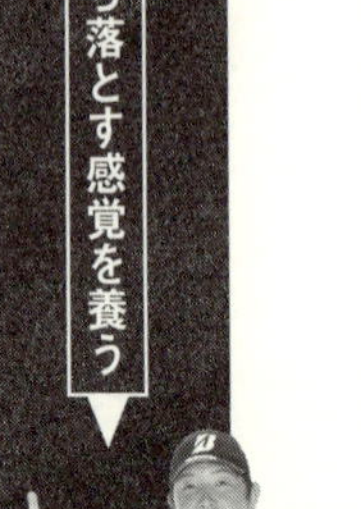

インパクトでクラブヘッドのヒール側が接地する感覚を養うドリルです。

まず、「短尺・ハイティ」ドリル2をご紹介します。ハイティの飛球線後方、自分から見るとボールの右側に台をセットし、板切れを載せます。板切れの面がボールの下側よりも少し低くなるようにセットしてください。

裏面ダウンで頭上時計の4時半のポジションからクラブヘッドを背中側に残したまま、体の回転でボールを打つと、ヒールが台の上を滑るように当たり、「コッン」という乾いた音がします。

一方、「短尺・ハイティ」ドリル1でゴムティを打ってしまう人は、思い切り台を叩いてしまいます。その衝撃は大きく、下手をすると台を叩き割ってしまうほどです。

ヒールが台の上を滑る音を確かめながら練習すると、右手がつねにグリップの下にあり、右ひじが脇腹前にホールドされたまま回転するのがわかります。

ヒールを落とす感覚をつかむために、もう一つやっておきたいドリルがあります。「ティヒット」ドリルです。

ティの２〜３㎝先にボールを置き、逆さまにもったクラブの「グリップ」部分で、ボールではなくティを打つドリルです。やってみるとわかりますが、これが意外と難しい。ふだんからボールを打つ意識が強すぎる人は、ティではなくボールを打ってしまいます。

グリップ部分の先端に、クラブヘッドがついていると想像してください。グリップの部分がティをヒットすれば、クラブのヒールから芯までの距離は２〜３㎝ですので、ティの２〜３㎝先にあるボールはフェースのど真ん中に当たります。ボールの２〜３㎝手前をヒールですっていく感覚でスイングすれば、つねにスイートスポットでボールを捉えることができるのです。

このドリルは、ミート率を高めるのに非常に効果的です。特に、シャンク癖のある人には効果絶大ですので、ぜひやってみてください。

DRILL 12

「ノーバックスイング」ドリル

フェースに乗せて運ぶ感覚を養う、SRゾーン形成とフェース管理

サンドウェッジを使って、バックスイングをせずに目標方向にボールを運ぶドリルです。SRゾーンで正しい身体の使い方ができると、バックスイングなしでもクラブのフェースにボールを乗せ、ターゲット方向に運ぶことができます。

まず、裏面ダウン（頭上時計で4時半のポジション）からまーるく振って、ボールに対して肩と腰の捻転差＝Xファクターのある押し込んだインパクトの形をつくってください。このとき、頭はボールの後方に残し（ビハインドザボール）、グリップエンドは左腰を指して、超ハンドファーストになっています。クラブのフェースは45度開いた状態で、ボールと地面の隙間に入り込んでいます。

イメージとしては、サイドスローで池に向かって小石をスキッピングさせるときのようなシャローな入射角を想像できると、フェースに乗りやすくなります。このポジションから頭の高さを変えずに、背中側（目標の45度左）に向かって、フェース面に乗ったボールを想像してゆっくり背中を入れ替える回転ができると、目標方向にまっすぐボールを運ぶことができます。

ポイントは、ソフトグリップを維持してフェース面を変えないこと。また、回転時に肩と腰の捻転差をキープできないと背骨を軸に背中を回せないことを理解してください。プロゴルファーがボールをクラブでピックアップするときは、必ずフェースのヒール側を使って平らなところに乗せます。クラブの構造上、ボールはフェースのヒール側にしか乗りません。フェースのヒール側にボールを乗せて背中側に運ぶイメージで、左脇腹を後ろに切って、背中をクルッと回してください。アドレスしたときの背中側にボールを投げるような感覚です。すると、ボールをフェースに乗せて、ターゲット方向に運ぶことができます。

左手首が甲側に折れる（フリック）スイングはいけません。ロフトがさらに寝て、フェースの上側からボールが落ちてしまいます。このスイングでは、７番アイアンではボールを運べても、サンドウェッジになるとうまく運べません。

右肩が前に出て、頭がターゲット方向に突っ込んでも、ボールはフェースに乗りません。なるべく右肩を前に出さないようにして頭も残し、ボールの右側を見て回転してください。

このドリルをおこなうと、ＳＲゾーンではつねに右手が下だということが実感できます。シャロースイングをおこなうための絶対条件です。最初は難しく感じますが、練習すれば必ずできるようになります。フェースにボールを乗せて運ぶことができるようになって、クラブを背中側にまーるく振る感覚をつかんでください。

DRILL 13

「フォームローラー」ドリル

SRゾーン強化、「右手が下」の感覚を養う

ストレッチに使う筒状の器具に「フォームローラー」というものがあります。日本では、「ストレッチポール」などの商品名で売られていて、アスレチック用品売り場などで購入できます。このフォームローラーを使って、スイング中、つねに右手が下にあることを確認するドリルを紹介しましょう。

フォームローラーは、直径が10～15㎝、長さは90㎝ぐらいのものを用意します。このくらいの太さがあるものを使ってスイングすると、右手が下になる感覚がすごくよくわかります。

胸の正面で筒を立たせて、両手で下側をもったら、左に倒しながら右手の甲をターゲット方向に向けます。筒の先端を下に向けたまま自分の背中をなめ回すように、身体の左側から筒を回し込み、右ひじを右脇腹の前に抜いてくると、筒の向きが頭上時計で4時半のポジションをつくります。この時点で、右手が下にあるはずです。

そのまま筒の先端を背中側に残して、右ひじを右脇腹前にホールドしたまま、背骨を軸に背中を入れ替えます。頭上時計で4時半のポジションから、背中越しを感じて目標の左45度の方向に

ハンマーを放り投げるようなイメージです。正しい動きができていれば、背中が入れ替わり、ターゲットと反対方向を向いても、右手が下の状態が保たれています。

このとき、自分で手を振ってしまうと、筒が反時計回りにロールして右手が上になってしまいます。アウトサイドインの軌道になってしまうので、気をつけてください。

フォームローラーは重いので、遠心力をすごく感じます。その遠心力とバランスをとるために、両手でつかんだフォームローラーを左腰のほうに引き付けます。これが向心力です（250ページ「ドリル６」参照）。フォームローラーのような重いものを振ると、背骨を軸に背中で回転しながらバランスをとっていることも、すごくよくわかります。

このドリルは、G１メソッドのレッスンでもひんぱんにおこなっています。正しい身体の使い方が確認できるので、毎日やっても損はありません。ぜひみなさんも実践してください。

DRILL 14

ゴムひもドリル

「まーるく振る」感覚を養う

ゴムひもと7番アイアンを使って、クラブを「まーるく振る」感覚を養うドリルです。

まず、7番アイアンと同じくらいの長さのゴムひもを用意し、片方の端をグリップエンドの先端、もう片方の端を穿《は》いているズボンの左腰の横にあるベルト通しに結びつけてください。

準備ができたら、右手一本でクラブをもちます。このとき、シャフトとクラブヘッドのトップラインのくぼみに右手首の内側がハマるようにクラブをもちましょう。これで右手首の背屈が保たれ、手首の返しができなくなります。

次に、クラブを逆さにしてグリップを下に向けます。右手親指が額の正面にくるようにして、右手の甲をターゲット方向に向けます。その形から、シャフトの内側（自分のほうを向いている側面）で背中をなめ回すように、胸の面を右に向けながら、左肩の後ろからクラブを回したら、右ひじから抜いて脇腹前に絞り込んで裏面ダウンします。

真上から見ると、グリップエンドが頭上時計の4時半を指すポジションとなり、飛球線後方から見ると、飛球線とゴムひもが平行になります。このとき、右手のひらは上（空）を向いています。右手のひらが上を向き、右手首がクラブのネックのくぼみどおりに背屈されていて、クラブが45度右を指し、胸のラインと平行に重なります。

左手の人差し指と親指でズボンの右ポケットをつまんで、右ひざを飛球線方向にキックインさせると、肩と腰の捻転差（Xファクター）が最大になり、胸を閉じた感覚がわかります。ここで胸の面が開かないように左腕を身体の前に伸ばし、手のひらを目標方向に向けます。その状態から左脇腹を後ろに引き、身体の左サイドを引っ張って回転していきます。

胸の面を開かず、クラブのヘッドは背中側に残したまま、背中をクルッと入れ替えるようなイメージです。右ひじの角度は変えないようにしてください。

背中が入れ替わり、ターゲットと反対の方向に向いたとき、右手首は背屈したままでシャフトとクラブがつくる「く」の字が維持され、ヘッド側は左腰を指して、グリップエンドが右腰の延長線上にきます。ここでも、飛球線とゴムひもは平行になっています。

このとき、実際のスイングではクラブのフェースは上（空）を向き、グリップエンドが左腰を指します。グリップが前、クラブヘッドが後ろの「ハンドファースト」の関係が維持され、飛球線後方から見ると、グリップとヘッドが腰の幅に収まっています。この形ができれば、まーるく振ることができた証拠です。

手首を返してしまうと、飛球線後方から見てヘッドがグリップを追い越して左にきて、ゴムひもが手に当たってしまいます。これは、グリップを支点にしてスイングする手打ちのサインです。

まーるく振ることができれば、腰の幅の中でハンドファーストが維持され、クラブヘッドがグリップを追い越すことはありません。このゴムひもドリルでぜひ、クラブをまーるく振る感覚を体感してください。

DRILL 15

6段階スイング確認ドリル

最終チェック！

G1メソッドのカギとなる6つのパート、①アドレス、②ハーフウェイバック、③トップ、④ハーフウェイダウン、⑤Y字インパクト、⑥フィニッシュでの身体さばきとクラブのポジションを確認するドリルです。

このドリルでは、クラブの「グリップ部分」ではなく、クラブの中央部分を握っておこないます。こうすると、それぞれのポジションでクラブの「グリップ」部分とヘッドがどのような関係にあるのかがよくわかります。

また、クラブを短くもつことで、重心位置を感じながらスイングできるメリットもあります。グリップ支点でクラブを振ってしまう人には、特に有効なドリルです。

ここでは、G1メソッドの総まとめとして、「①正面」「②飛球線の後方」、および「③飛球線の前方」の3つの角度から、各パートを確認していくことにしましょう。

第1段階　アドレス

アドレスでは、クラブの「グリップ」部分を左腰に当てます。両手のグリップの位置は左内もも前。両ひじが両腰を指した状態です。

第2段階　ハーフウェイバック

その姿勢から右足かかとを踏み込んで、両ひじと両腰を一緒に動かします。ハーフウェイバックでは、ちょうど右隣の人と両手で握手するようなイメージです。飛球線後方から見ると、クラブのヘッドはズボン横の縫い目の縦ラインの延長線上に位置して、フェースが正面を向き、トゥが上を指します（お尻のラインまではＯＫ！　それより後ろはインに引きすぎです）。

一方、クラブの「グリップ」部分は回転ベクトルに遠心力が加わり、自然と左腰から離れていきます。「グリップ」が左腰から離れない人は右手が上になり、アウトサイドに上がってフェースがシャットになっている証拠です。「グリップ」部分が左腰から離れるように、両ひじと両腰を同調させて、低く、長くクラブを引いてください。

3つの角度から見る　第1段階・アドレス

3つの角度から見る　第2段階・ハーフウェイバック

第3段階　トップ

「右隣の人と握手」をしたら、右の手のひらをほぼ正面（胸側）に向けたまま、クラブを右肩の方向に上げて、右耳の横までグリップをスッともっていきます。これが、G1メソッドのトップポジションです。

G1メソッドでは、ダウンスイング以降、つねに右手が下にありますが、じつはテイクバックでも右手が下の感覚があります。なぜかというと、トップで右手親指の腹でグリップを下から支えている感覚があるからです（実際には、親指はグリップの左斜めにズレています）。

また、アドレス時の右手親指と人差し指のあいだに挟んだトランプのカードを右肩を引きながら、右肩越しに投げるような感覚もあります。バックスイングすると、クラブの重みが右手親指の腹（右側）にしっかり乗って、親指と人差し指のV字が自分の顔のほうを向きます。

飛球線後方から見ると、トップではグリップが右耳の高さにきて、クラブのシャフトは右肩の上で飛球線と平行になります。このポジションにクラブが収まると、裏面ダウンでクラブが巻きついて落下してきて、タメがつくりやすいので角速度が上がり、飛距離が期待できます。

後方から見て、トップでクラブヘッドが目標よりも左を指すことを「レイドオフ」とよびますが、シャフトが右肩をはずれてレイドオフになると、ダウンスイングでクラブが体に巻きつかず

3つの角度から見る　第3段階・トップ

正面

飛球線の後方

飛球線の前方

に寝てしまうので、それを嫌って外回りする傾向があります。

ダウンスイングでは、なるべくクラブを背中に沿って巻きつかせながら下ろしたいので、トップでは、シャフトが飛球線と平行で右肩にまっすぐ乗るポジションにもっていくようにしてください。

第４段階　ハーフウェイダウン

右肩の上に倒れながら真下に落ちてくるクラブの慣性を妨げないように、右腕前腕部の回外と右ひじの内転をおこないます。このとき、フェースの裏面が真下を向きながら落下してくるので裏面ダウンとよぶのでした。

裏面ダウンが正しくおこなわれると、ハーフウェイダウンでクラブのフェースが上（空）を向き、クラブのヘッドが飛球線より左45度後方、グリップエンドは飛球線より右45度前方を向きます。頭上時計でクラブのポジションを表すと、クラブヘッドが４時半、グリップエンドは10時半の方向を指します。

クラブヘッドの高さは、「グリップ」部分より低くなります。実際のスイングでは、ここまでグリップが落ちることはありませんが、感覚的には裏面ダウンでヘッドがひざ下に落ちてから左脇腹を切っていくと、ちょうどいいタイミングになります。

3つの角度から見る　第4段階・ハーフウェイダウン

飛球線後方から見ると、クラブの「グリップ」部分が身体のかなり前にあることがわかります。このクラブのポジションで、クラブの中央部分から「グリップ」部分に握りなおすと、ふところが非常に広くなります。左ひじが右ひじよりも高いポジションにあり、両腕のあいだからターゲット方向の景色を見ることができます。トッププロのハーフウェイダウンはほぼ１００％、その形ができており、ふところがつぶれているプロは誰一人としていません。

レイドオフのトップからむりやりグリップを真下に落とそうとすると、頭上時計で４時半のポジションでグリップが右腰の横にあり、ふところの広さをつくることができません。その状態からでは、身体を回してもクラブヘッドがボールに届かないので、手を前に出してボールを突きにいくことになります。

第５段階　Ｙ字インパクト

Ｇ１メソッドでは、インパクトはクラブをまーるく振る軌道上の単なる通過点であり、特に意識することはありません。

ハーフウェイダウンの頭上時計で４時半のポジションからインサイドアタックを開始。左手首の内側とシャフトの角度を変えずに、シャフトの内側が体から離れないようにひざ元前を通過して、グリップエンドは左腰横へハンドファーストをキープしたまま向かいます。このとき、ボー

3つの角度から見る　第5段階・Y字インパクト

正面

飛球線の後方

飛球線の前方

ルの後方に頭を残して、下半身のリードで左脇腹を後方に切りながらクルッと背中を入れ替えると、インパクトが過ぎた正面時計の4時のあたりで、左肩からクラブヘッドまで一直線になるポジションがあります。そのポジションがY字インパクトです。いざ回転を始めたら、次に意識するのは、このY字ポジションになります。

Y字ポジションでは右手が下の状態がキープされ、クラブフェースは上（空）を向きます。左手首は甲がまっすぐ伸びたフラットリストの状態で、正面から見ると左肩からクラブヘッドまで一直線になります。一方、右手首はやや背屈した状態が維持され、シャフトと右手の関係は「く」の字を描いたままです。ターゲット方向から見ると、グリップエンドが左腰を指し、クラブヘッドは右腰のラインの延長線上にあります。

Y字インパクトは頭とクラブヘッドが遠心力で引っ張り合う形のことで、エクステンションともいいます。誰もが憧れるスイングの花形的ポジションです。インパクト後に詰まって左肩が吊り上がり、ひじが曲がってしまうチキンウィングの人にはうらやましいかぎりのポジションです。

G1メソッドの「右手が下で背中越しに放り投げる」感覚を磨いていけば、必ずできるようになります。

第6段階　フィニッシュ

フィニッシュでは、へそと腰が目標と正対し、胸の面は目標よりも左を向きます。そのとき、背中を反らせて逆Cの字形にならないよう気をつけてください。両足の太ももをピタッと密着させ、左足の上にまっすぐ立つようにします。右足はつま先立ちになり、その姿勢のままトントンとつま先で地面を蹴ることもできます。

クラブは、シャフトが両耳の後ろで地面と水平になるポジションに収まります。シャフトが背中に当たってはいけません。

グリップは左耳の横。左手のひらがまっすぐ立って、招き猫の手のようにターゲット方向を向きます。両ひじの間隔はアドレスのときと変わらず、右ひじが胸のラインに巻きつくように収まるのが理想です。

これがG1のインバランスフィニッシュです。終わりよければすべてよし。インバランスフィニッシュの形を意識してスイングすると、結果的に良いスイングになるはずです。

以上、スイングのなかでも特に重要な6パートでの動きを再確認しました。G1メソッドでは、身体のさばきとクラブのポジションが非常に重要です。繰り返し繰り返し、このドリルを実践し、スイングの流れを身体にしみ込ませてください。

3つの角度から見る　第6段階・フィニッシュ

正面

飛球線の後方

飛球線の前方

N.D.C.783　285p　18cm

ブルーバックス　B-2089

世界標準《せかいひょうじゅん》のスイングが身《み》につく
科学的《かがくてき》ゴルフ上達法《じょうたつほう》

2019年 4 月20日　第1刷発行
2020年 9 月 3 日　第9刷発行

著者　板橋《いたばし》　繁《しげる》
発行者　渡瀬昌彦
発行所　株式会社講談社
〒112-8001　東京都文京区音羽2-12-21
電話　出版　03-5395-3524
販売　03-5395-4415
業務　03-5395-3615
印刷所　（本文印刷）株式会社新藤慶昌堂
（カバー表紙印刷）信毎書籍印刷株式会社
製本所　株式会社国宝社

定価はカバーに表示してあります。

© 板橋繁　2019, Printed in Japan
落丁本・乱丁本は購入書店名を明記のうえ、小社業務宛にお送りください。送料小社負担にてお取替えします。なお、この本についてのお問い合わせは、ブルーバックス宛にお願いいたします。

本書のコピー、スキャン、デジタル化等の無断複製は著作権法上での例外を除き、禁じられています。本書を代行業者等の第三者に依頼してスキャンやデジタル化することはたとえ個人や家庭内の利用でも著作権法違反です。

Ⓡ〈日本複製権センター委託出版物〉複写を希望される場合は、日本複製権センター（電話03-6809-1281）にご連絡ください。


ISBN978－4－06－515214－0

発刊のことば

科学をあなたのポケットに

二十世紀最大の特色は、それが科学時代であるということです。科学は日に日に進歩を続け、止まるところを知りません。ひと昔前の夢物語もどんどん現実化しており、今やわれわれの生活のすべてが、科学によってゆり動かされているといっても過言ではないでしょう。

そのような背景を考えれば、学者や学生はもちろん、産業人も、セールスマンも、ジャーナリストも、家庭の主婦も、みんなが科学を知らなければ、時代の流れに逆らうことになるでしょう。

ブルーバックス発刊の意義と必然性はそこにあります。このシリーズは、読む人に科学的に物を考える習慣と、科学的に物を見る目を養っていただくことを最大の目標にしています。そのためには、単に原理や法則の解説に終始するのではなくて、政治や経済など、社会科学や人文科学にも関連させて、広い視野から問題を追究していきます。科学はむずかしいという先入観を改める表現と構成、それも類書にないブルーバックスの特色であると信じます。

一九六三年九月

野間省一